Arbeit für Doofe sparen

in Excel 2019 und 365

Ina Koys

kurz & knackig, Band 14

Inhalt

0 Was in diesem Heft erklärt wird

Viele Nutzer haben in Excel immer wieder ähnliche Eingaben zu machen oder ähnliche Arbeitsschritte zu wiederholen. Häufig muss das nicht sein. Hier wird gezeigt wie man Tipparbeit spart, Eigenmächtigkeiten verhindert, Verweise richtig setzt und Listen komfortabel passend macht. Die meisten Möglichkeiten funktionieren in allen Versionen nahezu identisch, haben aber eventuell eine etwas andere Optik.

Alle Screenshots wurden aus Excel 365 angefertigt. Wenn Sie die Beispieldateien herunterladen wollen, können Sie das tun unter

www.kurzundknackig.online

Viel Spaß dann beim Arbeitsparen in der Zukunft!

1 Eingabegewohnheiten und Shortcuts

Natürlich können Sie in jede Excel-Zelle springen wie Sie möchten: mit der Maus, den Cursor-Tasten oder der Tastatur. Aber mit manchen Handgriffen kann man sich unnötige Nacharbeit sparen.

Da wäre in erster Linie die Empfehlung, sich in Leserichtung jeweils mit der **Tab**-Taste vorzuarbeiten. Das ist die mit den beiden Pfeilen ganz links auf Ihrer Tastatur. Jeder einfache Druck darauf schiebt den Zellcursor eine Spalte weiter nach rechts, also in der normalen Schreibrichtung, wenn selbst Daten auszufüllen hat. Das ist jetzt noch nicht weiter besonders – der Charme kommt dann aber, wenn man am Ende der Zeile in die nächste Zeile springen möchte. Wenn man dann nämlich auf **Enter** drückt, landet man unter der ersten Zelle, von der man die **Tab**-Taste gedrückt hat.

Da kann es dann gleich mit dem nächsten Namen weitergehen, ohne dass man die Stelle erst mit der Maus wieder raussuchen muss. Denn wenn man gerade viel schreibt, kostet der Griff zur Maus immer unnötig Zeit. Da kommt manchmal einige Zeit zusammen, die man sinnvoller verwenden kann. Übrigens funktioniert die

Tab-Taste auch andersrum: der Pfeil oben, der nach links zeigt, ist durch die **Shift**-Taste (auch Hochstelltaste genannt) aktivierbar und funktioniert dann in der anderen Richtung.

Überhaupt die **Enter**-Taste. Sie hat mehr Funktionen als allgemein bekannt sind. Normalerweise landet man durch Druck auf **Enter** in der Zelle darunter – sofern man die aktuelle Zelle nicht durch **Tab**-Drücke erreicht hat. Manchmal will man das aber nicht. Manchmal möchte man nur die Eingaben in der jeweiligen Zelle abschließen und dann dort z.B. noch formatieren. Um also genau das zu tun, kann man erst die **Strg**-Taste drücken und gedrückt lassen und dann auf **Enter** gehen. Dann bleibt man in der jeweiligen Zelle und kann dort weiterarbeiten. Und wo wir schon einmal dabei sind: **Shift** und **Enter** führen in die Zelle über der aktuell bearbeiteten.

Die **Strg**-Taste hat dann noch eine Funktion, an der sich sehr aufmerksame Leute erfreuen können – etwas schusselige Nutzer werden sich leicht einmal sehr ärgern. Manchmal möchte man nämlich an derselben Stelle verschiedener Blätter dieselbe Eingabe machen. Dazu hält man die **Strg**-Taste gedrückt und klickt nacheinander alle Tabellenblätter an, in denen diese Eingabe gemacht werden soll.

Nach dem Druck auf **Enter** wird die Eingabe für alle Zellen an dieser Position auf allen Blättern übernommen. Aber Vorsicht! Falls Sie an etwas nicht gedacht haben und auf einem Blatt stand bis eben noch ein Inhalt, der eigentlich behalten werden sollte: das war's dann für den. Es gibt keine Rückfrage oder Warnung. Eingabe ist Eingabe. Und zwar so lange wie alle fraglichen Blätter aktiviert sind.

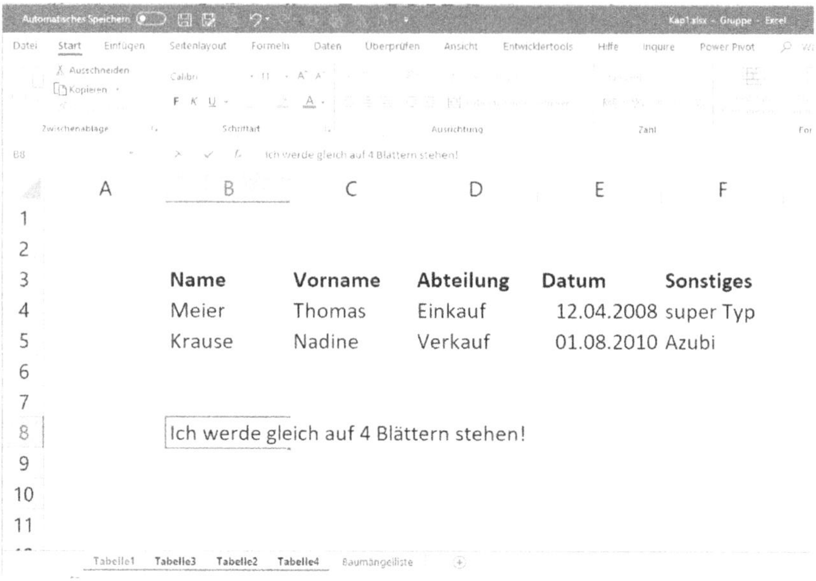

Zum Deaktivieren der Blätter reicht es, einen anderen Blattnamen anzuklicken. Und sofern man Unsinn gebaut hat, kann man jetzt noch **Strg** und **Z** drücken um die Sache rückgängig zu machen, aber wenn die Hintergrundspeicherung einmal durchgelaufen ist (normalerweise alle 10 Minuten), sind die Messen gesungen. Also im Zweifel besser vorsichtig sein damit.

Und dann hätten wir unter der Rubrik der Gewohnheiten noch die Wortwahl. Wo es feste Begriffe gibt, ist die Sache klar, da gehören sie so in die Zelle und fertig. Gelegentlich gibt es aber Formulierungsfragen, bei denen man durchaus Gestaltungsfreiheit hat. Und die sollte man im Interesse effizienter Arbeit in Excel gerade nicht nutzen.

Nehmen wir also ein Beispiel aus der Praxis: es wird eine Baumängelliste nach Diktat geschrieben. Ein Fachmensch geht durch die Räume und diktiert, was aufgefallen ist.

Arbeit	Gewerk	erledigt
Fenster streichen	Maler	
Fenster streichen		

Sobald Excel glaubt zu wissen was der Nutzer eintippen will, wird eine Ergänzung angeboten. Sofern diese passt, kann man sie durch Druck auf **Tab** oder **Enter** (je nach gewünschter Arbeitsrichtung) abschließen. Passt sie nicht, schreibt man einfach weiter. Wieder in der ersten Tabellenspalte angekommen, wird dann beim nächsten Mal die Ergänzung angeboten, wenn der gewünschte Inhalt wieder eindeutig scheint. Gerade bei umfangreichem Inhalt kann hier durch jeweils gleiche und möglichst am Anfang unterschiedene Wortwahl eine Menge unnötiger Aufwand und Tippfehler gespart werden.

Die automatische Ergänzung endet jeweils bei einer leeren Zeile. Sofern Sie also wirklich Leerzeilen in Ihrer Tabelle brauchen, fügen Sie sie erst später ein. Das geht schnell z.B. über einen Klick mit der rechten Maustaste auf einen Zeilenkopf und dann die Auswahl **Zellen einfügen**. Übrigens lohnt es sich bei der Gelegenheit auch, sich einmal die Kontextsymbolleiste anzusehen: die landläufigen Formatierungen erreicht man so schneller als über die Registerkarte **Start**.

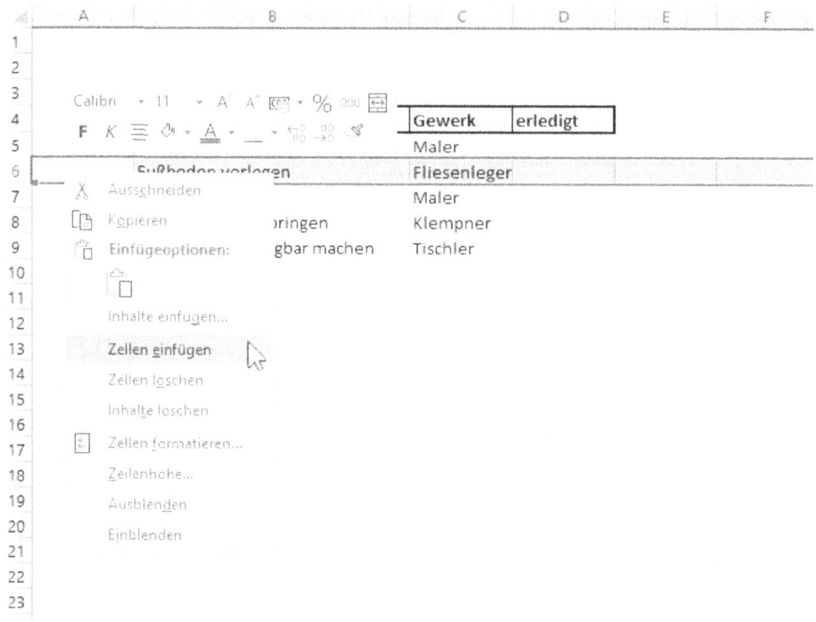

Am Anfang waren wir schon mal bei Tastenkürzeln, auch Shortcuts genannt. Wer unbedingt will, kann darüber viele Seiten schreiben – allein die nur für Excel geltenden Shortcuts der neuesten Versionen gehen über sieben A4-Seiten. Ob man die braucht oder nicht, ist weitgehend Geschmackssache. Ein paar davon möchte ich aber trotzdem empfehlen, weil sie wirklich gängig und nützlich sind.

Über das ganze Windows hinweg gelten z.B.:

STRG + C .....markiertes Element in die Zwischenablage kopieren

STRG + X .....markiertes Element ausschneiden

STRG + V .....Element aus der Zwischenablage einfügen

STRG + A.....alles markieren

STRG + Z......letzte Aktion rückgängig machen

STRG + N.....neues Dokument im jeweiligen Zusammenhang, bei Excel also eine neue Arbeitsmappe

STRG + P .....Druckdialog aufrufen

STRG + S......Speichern

STRG + F......Finden / Suchdialog öffnen

STRG + O.....Datei öffnen

Und dazu vielleicht noch eine Funktionstaste: ein Druck auf **F12** oben rechts auf der Tastatur öffnet den **Speichern-unter**-Dialog.

Ein Excel-spezifisches Kürzel ist noch recht beliebt: **STRG + .** setzt in die jeweilige Zelle das aktuelle Datum fest ein.

Wer sich gern nach und nach verschiedene Kürzel merken möchte, sollte den Mauszeiger im Auge behalten. In den allermeisten Fällen bietet er beim Überstreichen der Buttons eine Erinnerung an, welches Kürzel man alternativ verwenden könnte.

2 Typen – also Datentypen jetzt...

Bei der Eingabe von Werten in eine Zelle oder bei der Übernahme z.B. aus Anwendungen wie SAP und anderen treten häufig Phänomene auf, die am Anfang merkwürdig erscheinen, sich aber bei näherer Beschäftigung leicht erklären. Denn Excel teilt sich seine Inhalte in unterschiedliche Datentypen ein und behandelt sie auch unterschiedlich. Meistens wird das für die Wünsche der Nutzer passen. Wenn aber mal nicht, dann lässt sich die Sache mit wenigen Mausklicks beheben. Sehen wir uns ein Beispiel an:

	A	B	C	D
1				
2				
3	12345	12,35 €	21.02.2019	Ich bin Text!
4				

Hier habe ich in ein leeres, quasi jungfräuliches Tabellenblatt ein paar Inhalte getippt. Und eins fällt sofort auf: Text wird anders behandelt als Zahlen: Zahlen stehen rechtsbündig in der Zelle, Texte linksbündig. Offenbar ist das Datum auch eine Zahl. Darauf lohnt es sich zu achten, wenn eigenartige Phänomene auftauchen. Im Zweifel lohnt auch ein Blick in das Menüband **Start**.

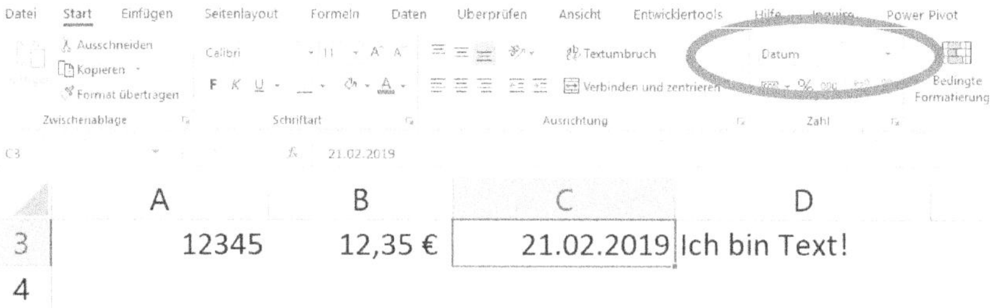

Hier wird also das Datum als Datum erkannt. Drehen wir jetzt die Uhr einmal um 1000 Jahre vor und um 200 Jahre zurück.

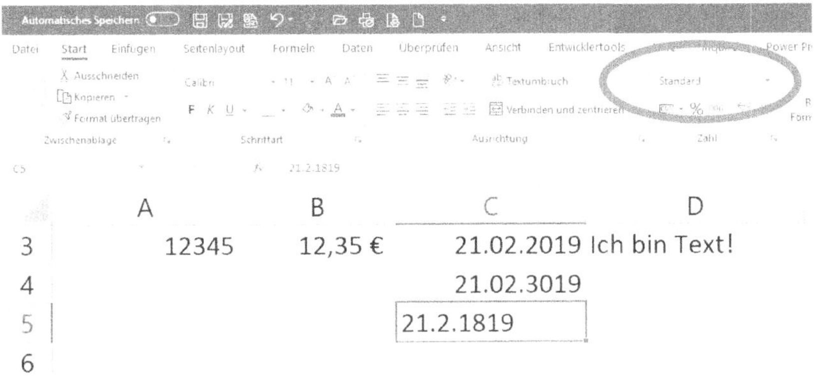

Irgendwas stimmt anscheinend mit dem Zeitpunkt vor 200 Jahren nicht. Anscheinend war das kein Datum – ganz im Gegenteil zu der Zeit in 1000 Jahren. Von der kann ich mir sogar noch anzeigen lassen, welcher Wochentag das sein wird.

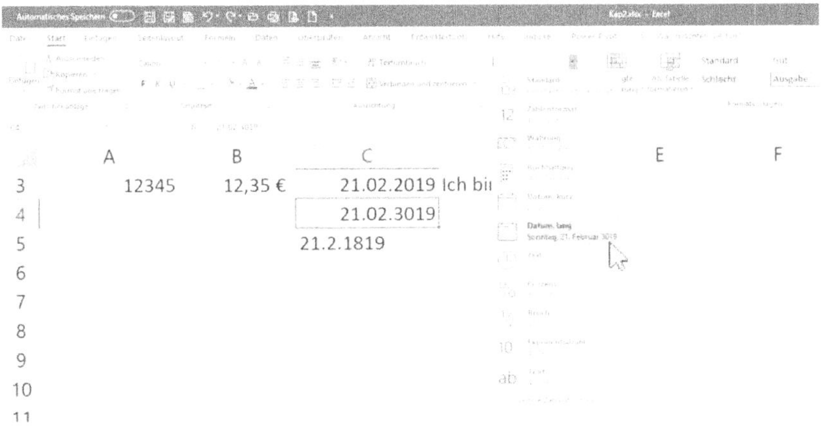

Ungünstig hieran ist allerdings, dass ich dann in der betreffenden Zelle nur einen Gartenzaun angezeigt bekomme.

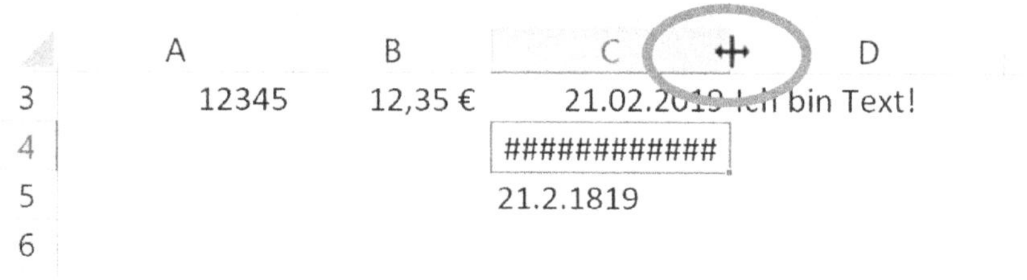

Wenn ich jetzt die Spalte mit der Maus breiter ziehe , kann ich die Spalte breiter ziehen. Mit einem Doppelklick auf den rechten Spaltenrand könnte ich sie auch gleich automatisch so breit oder so schmal machen lassen, dass alle Inhalte der Spalte komplett angezeigt werden. Für das Datum von 1819 funktioniert das alles nicht. Um der Sache auf den Grund zu gehen, kann man in eine Zelle eine 1 schreiben und diese als Datum anzeigen lassen, damit ich den ersten Tag nach Beginn der Zeitrechnung sehe.

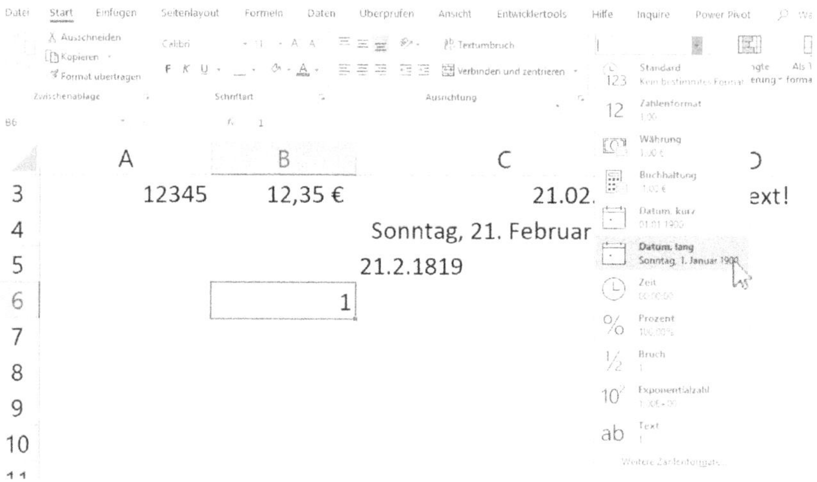

Nach Ansicht von Excel wurde die Welt also am 1.1.1900, 0 Uhr erschaffen. Davor gab es nichts und deshalb sind nach seiner Meinung Daten davor auch keine Daten. Auch Uhrzeitangaben werden ab diesem Moment berechnet. Wenn man da bei der Berechnung z.B. von Gleitzeiten mal in den negativen Bereich kommt, bockt Excel. Vor Beginn der Zeitrechnung war ja nichts, also wird da auch nicht gerechnet. Alternativ kann man also entweder die ganze Zeitangabe mit vollständigem Datum eingeben oder aber über ***Datei / Optionen*** die Zeit etwas zurückstellen.

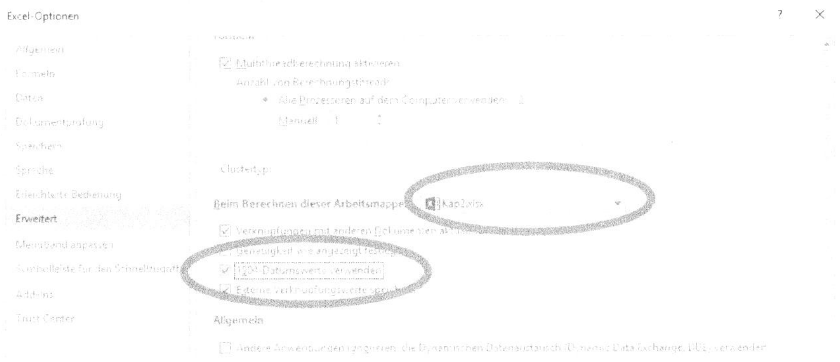

Diese Einstellung kann interessante Ergebnisse zutage fördern, deshalb ist wichtig zu beachten, dass sie jeweils für die aktuelle Arbeitsmappe gilt: nur für die, aber über alle Blätter. Das kann dann z.B. so aussehen:

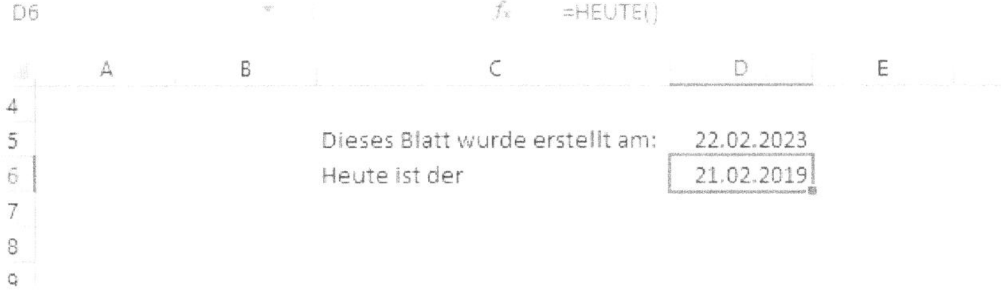

Die obere Zeile liest das Datum aus den Excel-Einstellungen, die untere die Systemzeit. Man muss sich also rechtzeitig überlegen, ob nicht versehentlich mit dieser Einstellung etwas verbogen wird, das lieber so bleiben sollte wie es war.

Manchmal ist es aber einfach so, dass Excel aus mehr oder weniger unklaren Gründen meint, eine einfache Benutzereingabe oder das Ergebnis eines Rechenprozesses als Datum anzeigen zu sollen. Dann steht dort z.B. statt „65" plötzlich ein Datum aus 1900. Aber da nun klar ist, dass das einfach eine Formatierungsfrage ist, können wir das einfach wieder so hinbiegen, wie wir es gern hätten. Intern rechnet Excel sowieso mit Dezimal- bzw. Binärzahlen. Daten, Brüche, Währungen und ähnliches sind nur die Darstellungswünsche des Nutzers, die Excel egal sind.

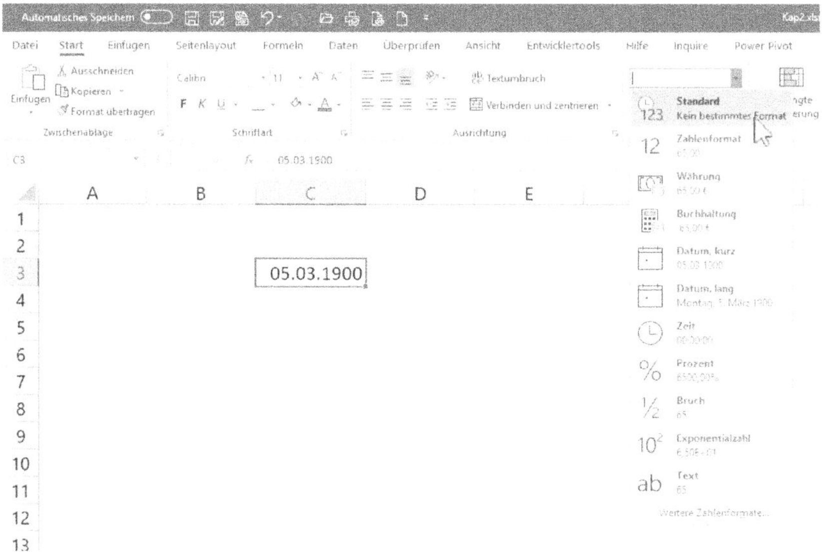

Ein weiteres spannendes Kapitel sind Postleitzahlen, Personalnummern und ähnliches. Versuchen Sie einmal, in eine Zelle die Postleitzahl von Leipzig einzutippen:

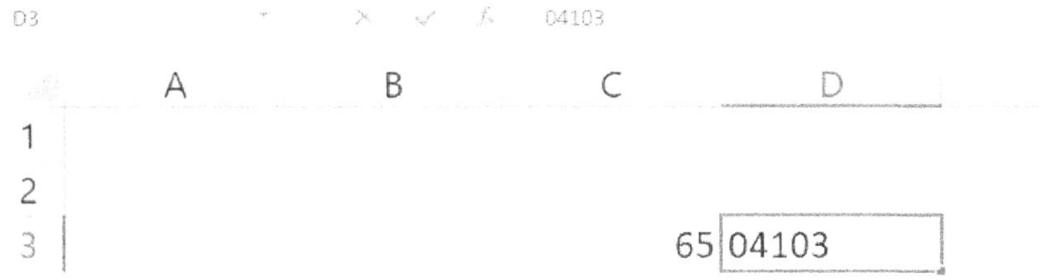

Nach einem Druck auf Enter ist die führende Null weg und kommt auch nicht wieder. Denn aus Sicht von Excel ist das eine Zahl und Zahlen mit führenden Nullen sind richtig, aber albern. Excel ist nicht albern, deshalb schmeißt es die führende Null weg. Da Sie nun aber aus Postleitzahlen wahrscheinlich weder eine Summe bilden noch einen Durchschnitt errechnen wollen, können Sie der ganzen Spalte mitteilen, dass Sie dort nur Texte eingeben wollen. Klicken Sie dazu auf den Spaltenkopf (hier **D**)und wählen Sie das gewünschte Format.

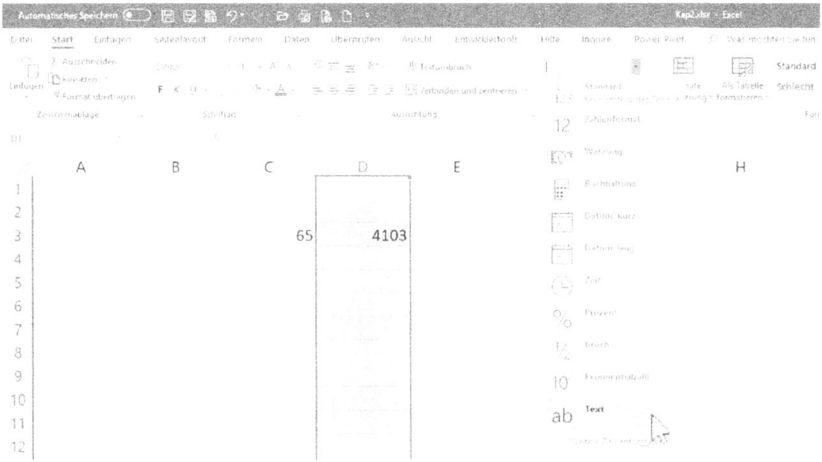

Danach können Sie in dieser Spalte – oder was auch immer Sie markiert hatten – eingeben was Sie wollen. Es wird immer so angezeigt, wie Sie es eingetippt haben. Nur z.B. einfach addieren können Sie diese Inhalte nicht mehr. Aber die Zellen haben jetzt eine grüne Ecke bekommen. Klicke ich jetzt eine dieser Zellen an, bekomme ich ein sogenanntes SmartTag, das mir Auskunft gibt, wenn ich es mit der Maus überstreiche.

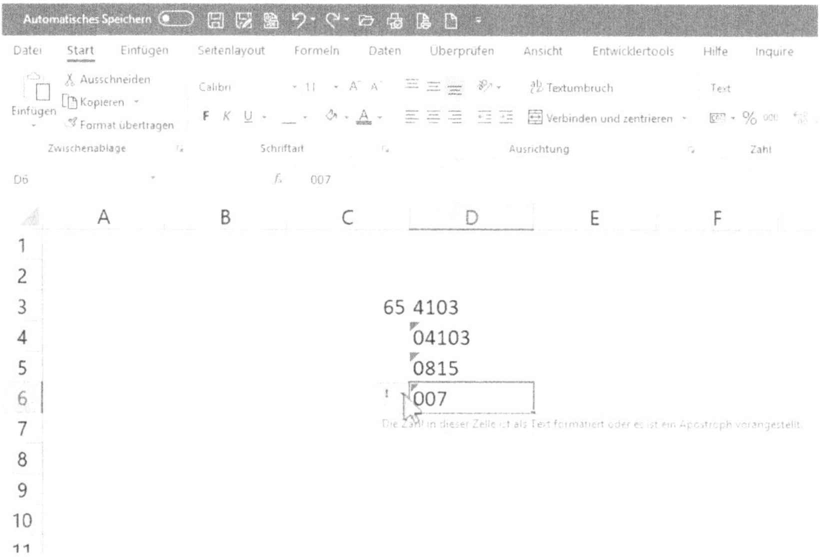

Die grüne Ecke ist also nur ein Hinweis und bestätigt mir was ich gerade gemacht habe. Prima, so wollte ich das. Und sofern ich die Ausrichtung dann doch noch anders haben möchte, kann ich das natürlich dann im Menüband **Start** nach Lust und Laune ändern.

3 Eingebaute Listen

Die schon von Microsoft eingebauten Listen sind relativ gut bekannt, sollen hier aber noch einmal kurz in allen Facetten gezeigt werden.

Wenn man den Mauszeiger auf die rechte untere Ecke einer aktiven Zelle hält, ändert sich der Pfeil zu einem schwarzen Kreuz.

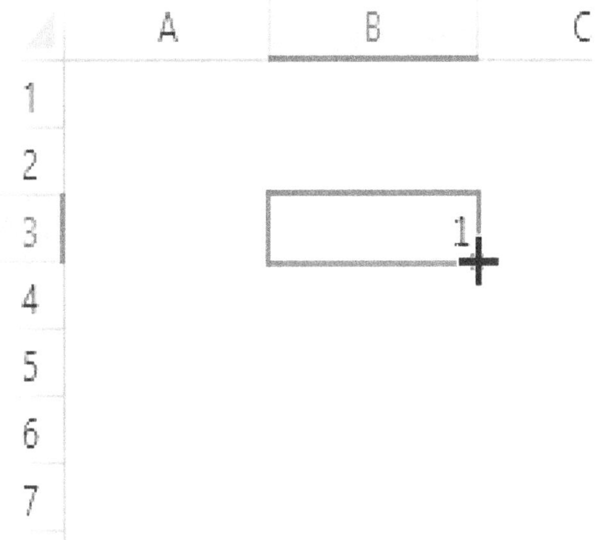

Wenn Sie in diesem Moment die linke Maustaste drücken, gedrückt lassen und nach unten ziehen, wird der Zellwert in die überstrichenen Zellen kopiert. Nach dem Loslassen der Maustaste bekommen Sie dann ein sogenanntes Smarttag neben der Markierung angezeigt, das Ihnen Möglichkeiten anbietet, was Sie vielleicht anstelle des Kopierens wollen könnten.

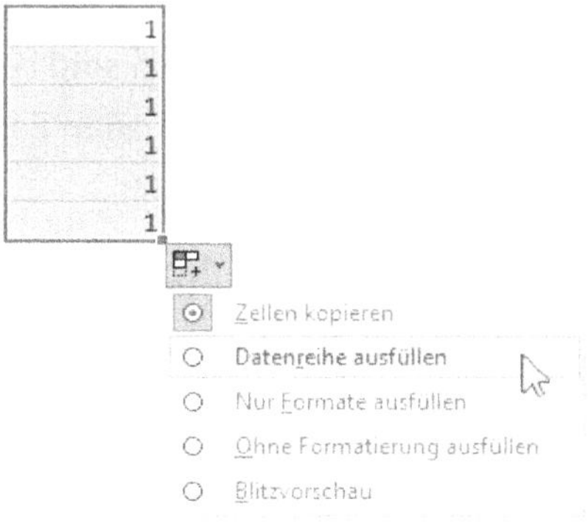

Wollen Sie z.B. weiter zählen, wählen Sie die Datenreihe.

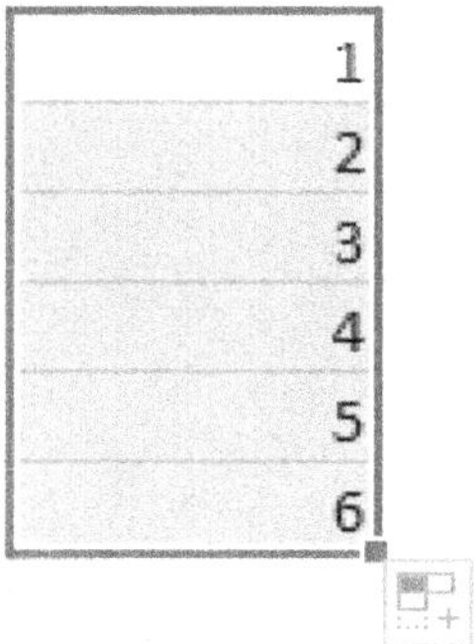

Alternativ kann es manchmal sehr praktisch sein, Inhalte entweder ohne ihre Formatierung oder im Gegenteil nur die Formatierung zu kopieren und die Inhalte zu belassen wie sie waren.

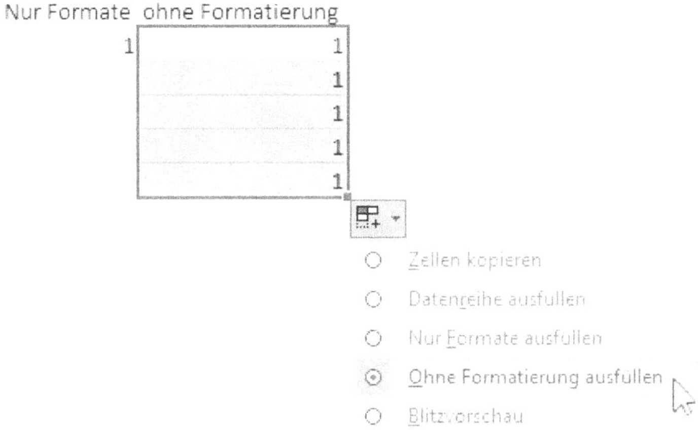

Wenn Sie jetzt noch die Blitzvorschau interessiert: die behandeln wir extra im Kapitel 8. Hier sehen wir uns am besten noch an, welche Ergänzungen Excel auch von ganz allein beherrscht.

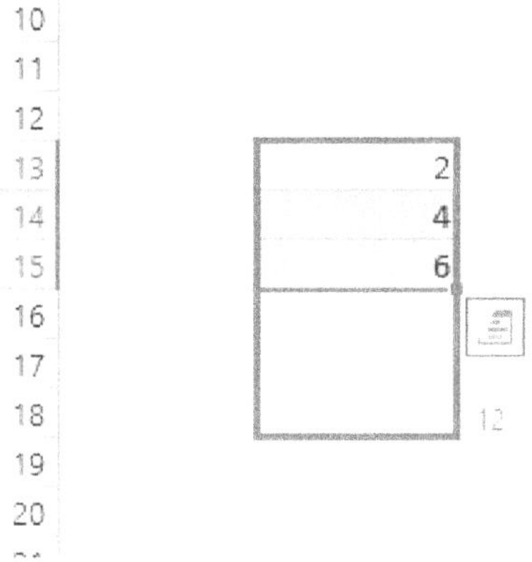

Zum Beispiel erkennt es Schrittweiten, wenn man die ersten drei Einträge markiert und dann herunterzieht. Ebenso können Ergänzungen von numerischen Werten vorgenommen werden.

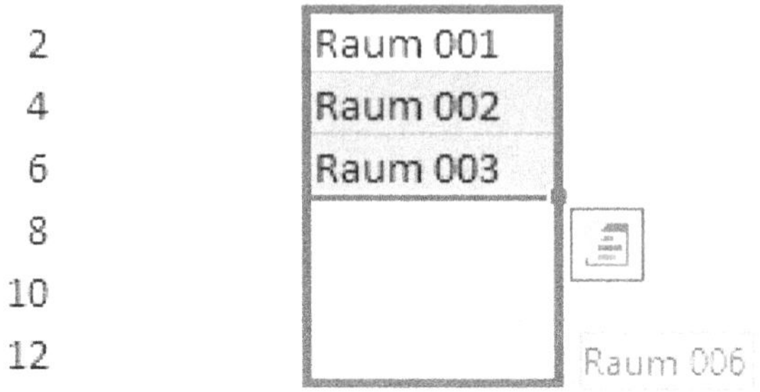

Auch Wochentage und Monate werden erkannt. Standardmäßig nicht nur in Deutsch, sondern auch in Englisch.

Übrigens müssen Sie die Wochenenden nicht mit in Ihre Aufzählung aufnehmen. Falls Sie nur Arbeitstage aufzählen wollen, wählen Sie aus dem Smarttag den Eintrag **Wochentage ausfüllen** bzw. **Arbeitstage ausfüllen**.

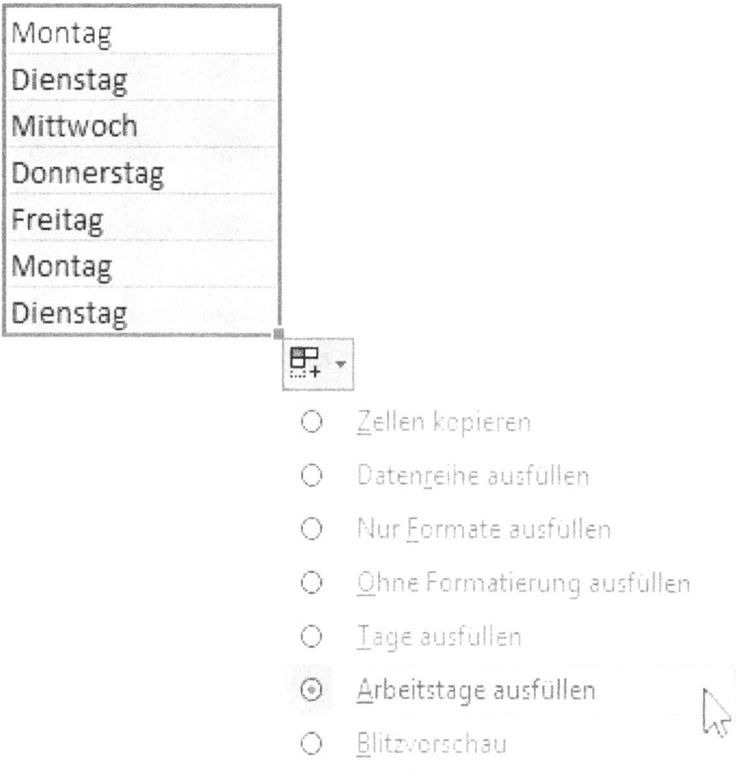

Diese Möglichkeiten lassen so manchen träumen wie es wäre wenn man sich hier eigene Ergänzungen hinterlegen könnte. Das kann man und das machen wir im nächsten Kapitel.

4 Eigene Listen hinterlegen

Häufig müssen immer wieder ähnliche Listen auf verschiedene Weise ausgewertet werden. Einmal vielleicht nach Kundenanfragen, dann nach Außenständen, dann nach Anfrageprofil und beim nächsten Mal nach Reklamationen. Wenn man die Listen auf demselben Blatt zu stehen hat kann man sie leicht kopieren. Man kann sie aber auch ein für alle Mal in Excel (bzw. dem Nutzerprofil von Excel) speichern und bekommt sie dann in jeder Arbeitsmappe angeboten. Diese Funktion existiert schon lange, wird von Microsoft aber seit einer Weile gut versteckt. Wir finden den Weg trotzdem. Aktuell liegt die Funktion im **Backstagebereich** (der heißt ganz offiziell so!), also klicken Sie dazu ***Datei / Optionen / Erweitert*** und scrollen sie bis fast ganz unten zum Abschnitt **Allgemein**. Dort gibt es die Schaltfläche **Benutzerdefinierte Listen bearbeiten.**

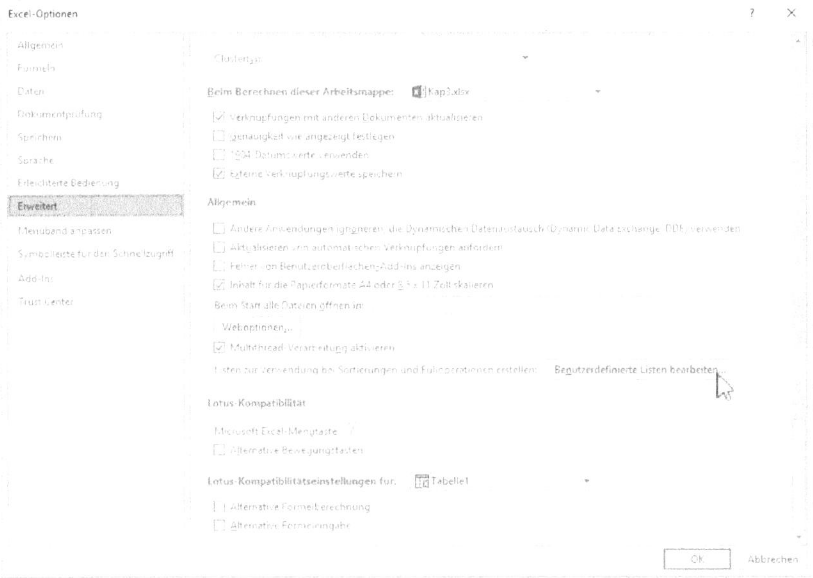

Nach Klick auf diese Schaltfläche finden Sie zunächst die Erklärung, warum Excel Wochentage und Monate kennt.

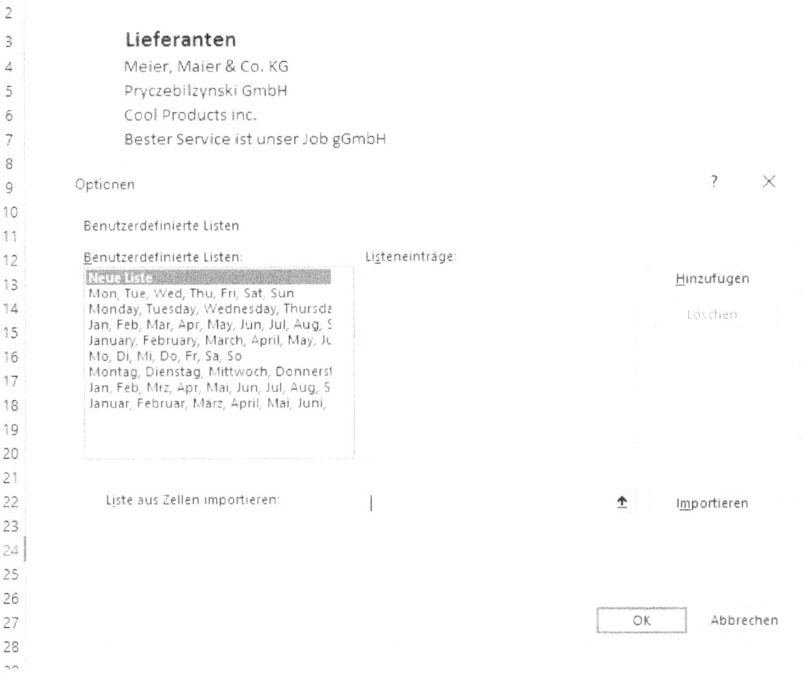

Beachten Sie den Cursor, der bereits im unteren, noch leeren Eingabefeld blinkt. Dieses Eingabefeld hat ein Symbol an der rechten Seite auf das Sie achten sollten, da es in Excel häufig auftaucht und einige Nerven sparen kann. Das Symbol signalisiert, dass Sie aus dem Feld einfach herausgehen und den Zellbereich mit den fraglichen Einträgen einfach mit gedrückter linker Maustaste überstreichen können. Das Feld wird Ihre Eingaben einfach selbst eintragen, ohne dass Sie sich um Details kümmern müssen.

Also: hier sollte der Cursor schon in diesem Feld blinken, falls nicht, einfach hineinklicken. Und dann können Sie aus dem Dialogfeld herausklicken und mit gedrückter linker Maustaste über die ab sofort von Excel selbst einfügbaren Daten streichen. Währenddessen klappt sich das Dialogfenster selbst auf Minimalgröße

und öffnet sich selbst wieder, wenn Sie die linke Maustaste loslassen.

Übrigens habe ich hier den Listentitel mit eingeschlossen, weil der eindeutig am wenigsten Schreibarbeit macht. Wir sehen gleich wozu das gut ist. Ein Klick auf **Importieren** befördert jedenfalls die markierten Einträge oben in die Liste.

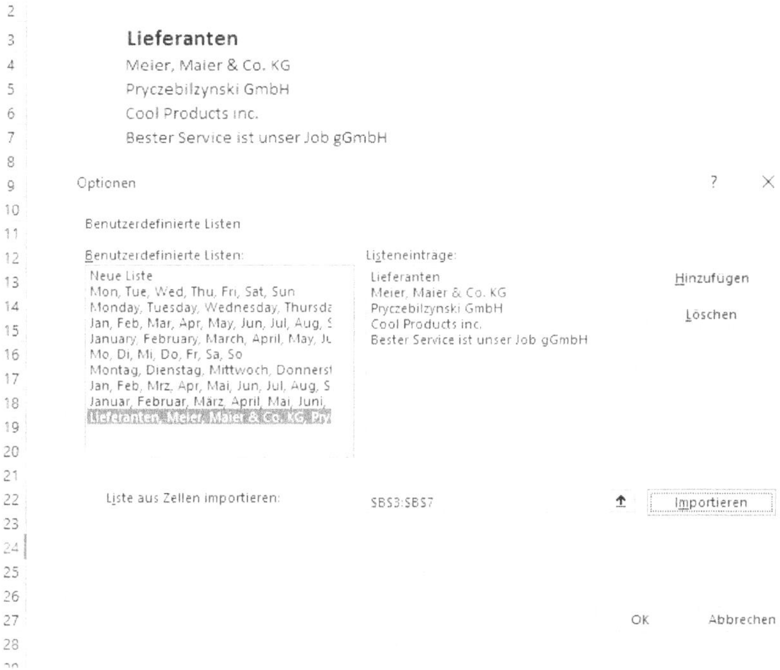

Nach zwei Klicken auf **OK** sind Sie dann wieder auf dem Arbeitsblatt und können die Sache ausprobieren. Schreiben Sie irgendeinen Eintrag aus der Liste (ich nehme für meinen Fall den obersten, weil er am schnellsten zu schreiben ist) korrekt in eine Zelle, klicken Sie irgendwo hin und dann wieder auf die Zelle zum Herunterziehen der Markierung. Schon währenddessen sollte sich der Erfolg der Aktion zeigen.

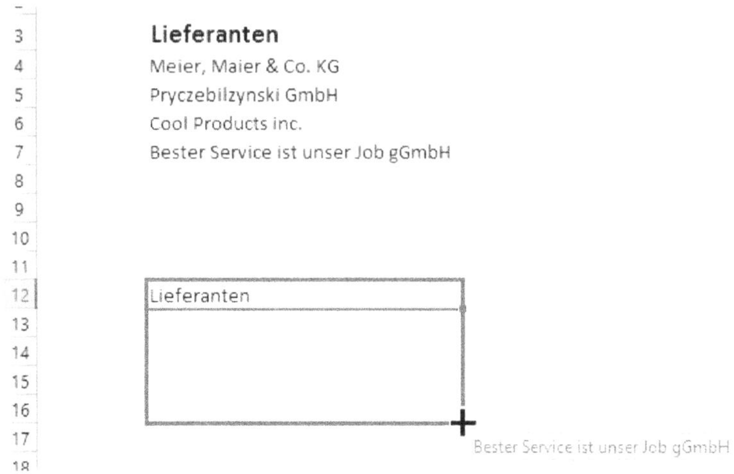

Jetzt die Maustaste loslassen.

In der Tat können Sie nicht nur nach unten ziehen, sondern in alle Himmelsrichtungen.

Es kann dann gut sein, dass in der Liste einmal etwas zu ändern ist. Dann gehen Sie zurück in das Dialogfenster unter ***Datei / Optionen / Erweitert*** im Abschnitt **Allgemein**, klicken Sie die gewünschte Liste aktiv und ändern Sie die gewünschten Listeneinträge. Neue bekommen Sie hinein, indem Sie hinter einen Eintrag klicken und dann die **Enter**-Taste betätigen.

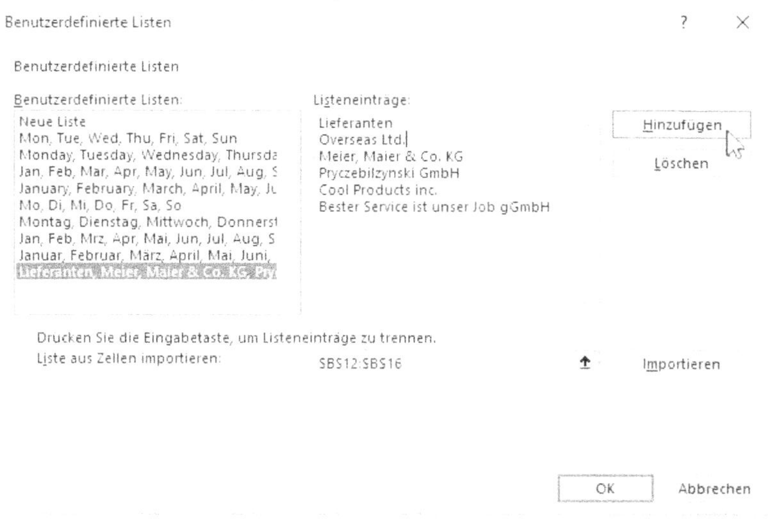

Wichtig ist nach allen Änderungen auf jeden Fall, dass Sie auf **Hinzufügen** klicken, damit die Änderung auch gespeichert wird.

5 Die Tabellenfunktion

Man sollte denken Excel besteht aus Tabellen. Stimmt aber nicht so ganz: Excel besteht aus Tabellenblättern, die in Arbeitsmappen liegen. Und in diesen Tabellenblättern können noch einmal Tabellen liegen. Diese Tabellen scheinen auf den ersten Blick reine Optik zu sein, wir werden aber auch gleich sehen, dass sich damit noch viel mehr verbindet, das einem die tägliche Arbeit deutlich erleichtern kann.

Generell gilt: damit die Tabellenfunktion ihre volle Funktion und Schönheit entfalten kann, müssen die Grunddaten bestimmte Bedingungen erfüllen:

- sie müssen eine gleichmäßige Struktur haben, also überall gleiche Anzahl Zeilen und Spalten, keine zusammengefügten oder geteilten Zellen
- nur einzeilige oder fehlende Kopfzeilen, keine mehrzeiligen
- möglichst auch keine Leerzeilen, da diese dem Sinn zuwider laufen.

5.1 Schönheitsfragen

Wenn ein Bereich von Daten die obigen Bedingungen erfüllt, genügt es, irgendwo in diesen Bereich zu klicken und dann aus der Registerkarte Start den Eintrag **Als Tabelle formatieren** zu wählen.

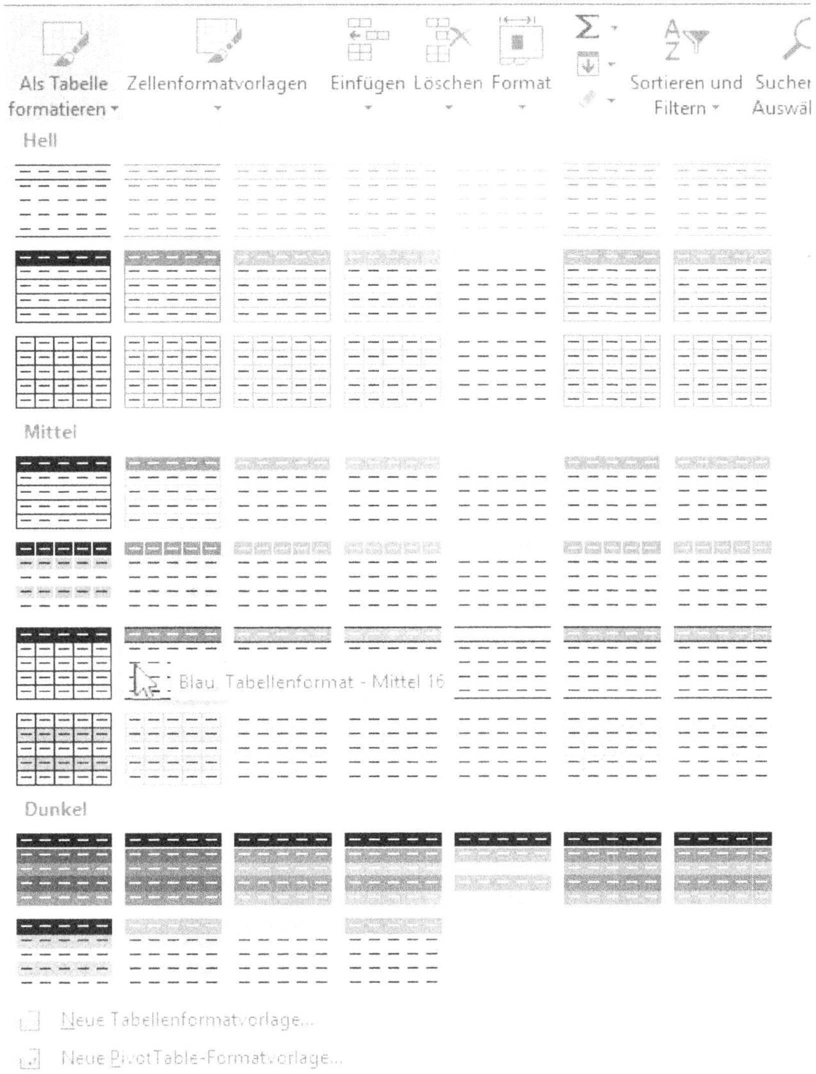

Sie bekommen dann eine Auswahl diverser unterschiedlicher Formatierungen. Diese bieten im Prinzip alle dieselben Möglichkeiten, das ist aber nicht bei allen gleich gut zu erkennen. Wählen Sie zum Testen deshalb am besten eins der Formate von **Mittel 15** bis **Mittel 21**. Wenn Sie später für die praktische Arbeit keine passende Vorlage finden, können Sie selbst eine über den Eintrag **Neue Tabellenformatvorlage...** erstellen – das wird aber nur selten lohnen.

Für unser Beispiel habe ich **Blau, Tabellenformat Mittel 16** gewählt. Nach einem Klick auf die Formatvorlage wird noch einmal sichergestellt, dass der richtige Bereich erkannt wurde.

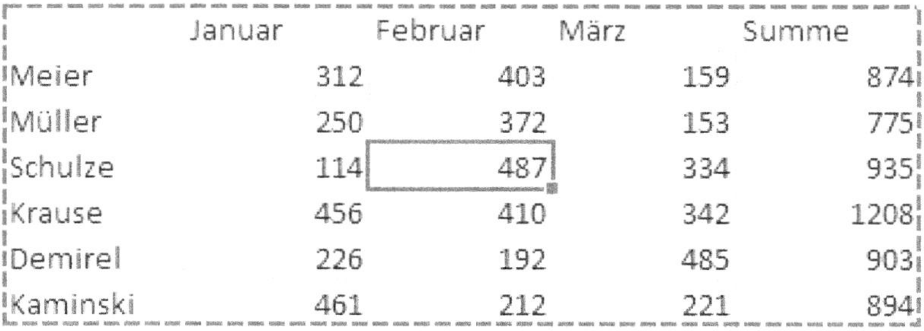

	Januar	Februar	März	Summe
Meier	312	403	159	874
Müller	250	372	153	775
Schulze	114	487	334	935
Krause	456	410	342	1208
Demirel	226	192	485	903
Kaminski	461	212	221	894

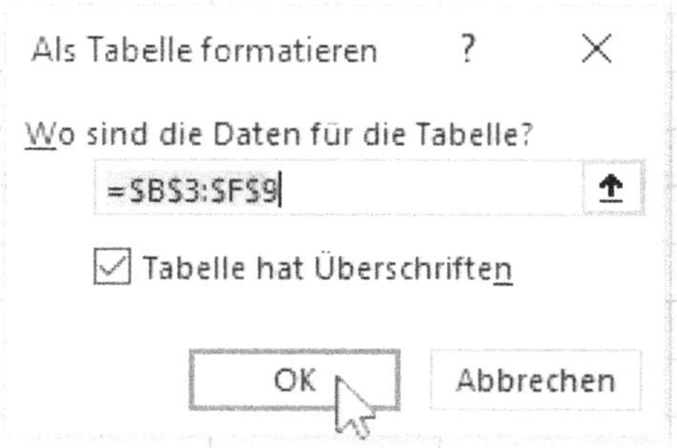

Im Falle eventueller Fehlinterpretationen können Sie jetzt den gewünschten Bereich noch einmal mit gedrückter linker Maustaste überstreichen (das Symbol in der Eingabezeile haben wir schon einmal im Kapitel 4 besprochen) oder aber das Häkchen aus der Überschriftenauswahl zu entfernen. Mit Klick auf **OK** wird die Tabelle entsprechend formatiert.

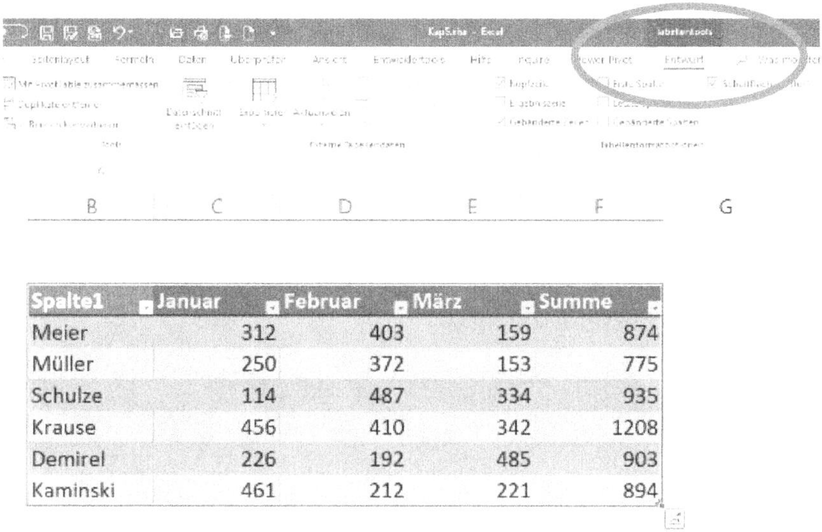

Spalte1	Januar	Februar	März	Summe
Meier	312	403	159	874
Müller	250	372	153	775
Schulze	114	487	334	935
Krause	456	410	342	1208
Demirel	226	192	485	903
Kaminski	461	212	221	894

Es geschieht aber mehr als das. Sie bekommen außerdem eine weitere Registerkarte, eine sogenannte kontextsensitive Registerkarte, die nur sichtbar wird, wenn das damit verbundene Element – hier die Tabelle – einerseits überhaupt vorhanden und andererseits angeklickt ist. Manchmal, wenn Sie vielleicht noch etwas in anderen Registerkarten zu erledigen hatten, liegt sie hinter den anderen und muss mit Klick auf ihren Namen nach vorne geholt werden.

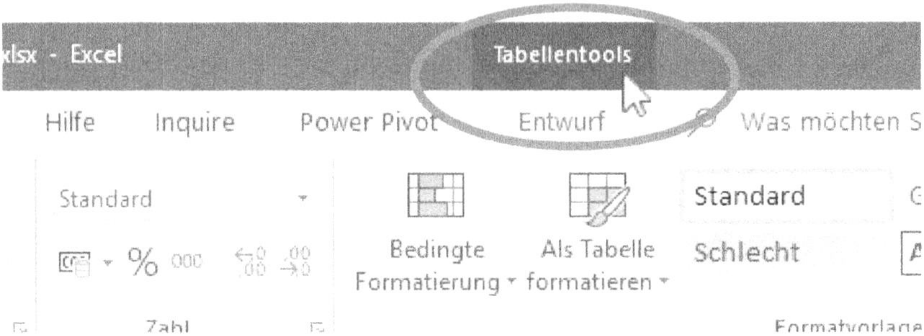

Wenn Sie dann die **Tabellentools**-Registerkarte vorn haben, können wir uns dort einmal umsehen. Die Tabelle hat die gewählte Formatierung angenommen, ist aber vielleicht noch zu verbessern. Ich habe dazu die leere Spalte A breiter gezogen, damit man den Zusammenhang besser erkennt.

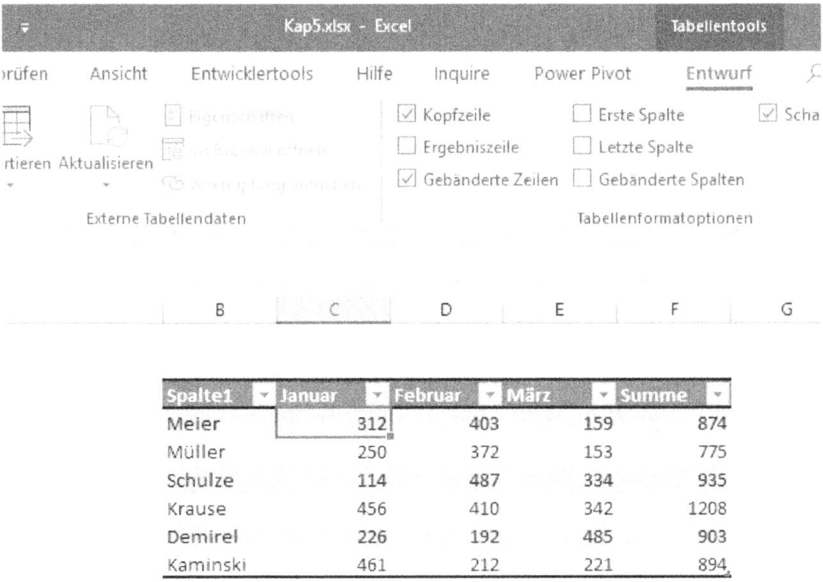

Spalte1	Januar	Februar	März	Summe
Meier	312	403	159	874
Müller	250	372	153	775
Schulze	114	487	334	935
Krause	456	410	342	1208
Demirel	226	192	485	903
Kaminski	461	212	221	894

Die Optik der Registerkarte unterscheidet sich ein wenig zwischen den aktuellen Excel-Versionen, inhaltlich bleibt sie nahezu gleich. Wir haben hier nur eine kleine Beispieltabelle, aber stellen Sie sich einmal vor, Sie hätten eins der gerne auch riesigen Exemplare aus der Praxis. Da kann man leicht die Übersicht verlieren. Scrollen Sie jetzt einmal nach unten und beobachten Sie die Spaltenköpfe. Kaum ist die Kopfzeile der Tabelle aus dem sichtbaren Bereich verschwunden, werden die Spalten anders dargestellt:

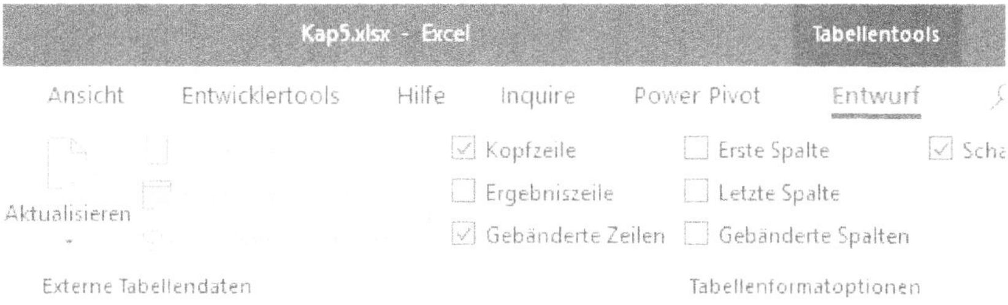

Spalte1	Januar	Februar	März	Summe	G
Krause	456	410	342	1208	
Demirel	226	192	485	903	
Kaminski	461	212	221	894	

So kann die Übersicht leichter gewahrt bleiben. Das erklärt dann auch ein wenig, warum es Ihnen nicht gelingen wird, über der Namensspalte statt „Spalte 1" eine leere Zelle zu haben. Hier muss immer ein eindeutiger Text stehen, notfalls nummeriert Excel die Spalten selber durch. Allerdings ist auch ein einzelnes Leerzeichen aus Sicht von Excel ein eindeutiger Text. Das wird jetzt hier eingesetzt, so dass ab jetzt die Zelle scheinbar leer angezeigt wird.

Rollen wir jetzt wieder nach oben und sehen uns die verschiedenen Tabellenformatoptionen an. Bei dieser Tabelle ist es sicher nützlich, die erste und letzte Spalte hervorheben zu lassen. Mit zwei Mausklicken in der Registerkarte ist das erledigt.

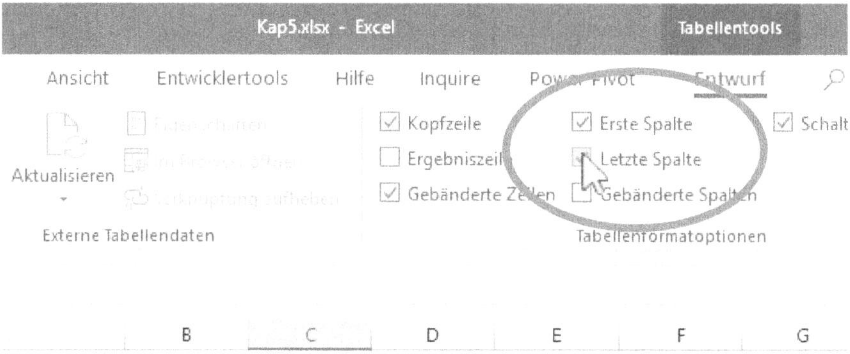

	Januar	Februar	März	Summe
Meier	312	403	159	**874**
Müller	250	372	153	**775**
Schulze	114	487	334	**935**
Krause	456	410	342	**1208**
Demirel	226	192	485	**903**
Kaminski	461	212	221	**894**

Damit sieht die Sache schon übersichtlicher aus. Dann wird Ihnen wahrscheinlich die grau-weiße Bänderung im Hintergrund auffallen. Diese ist sehr nützlich, wenn man bei einer breiteren Tabelle sehen möchte welche Daten eigentlich zusammengehören. Man kann sich damit die Rahmenlinien-Gitteroptik sparen, die noch nicht ganz ausgestorben ist. Und das Tollste: diese Streifen pflegen sich selbst! Wenn Sie Zellen in die Tabellen einfügen oder aus ihr löschen, werden die Streifen immer gleichmäßig bleiben. Falls Sie sie trotzdem entfernen wollen, entfernen Sie den Haken im Kästchen **Gebänderte Zeilen**. Testen Sie vielleicht auch das Häkchen für **Gebänderte Spalten**.

Interessant sind jetzt noch die beiden Kästchen für **Kopfzeile** und **Ergebniszeile**. Das Kopfzeilenhäkchen blendet eine vorhandene Kopfzeile aus wenn es entfernt wird, während das standardmäßig leere Kästchen für die Ergebniszeile eine hinzufügt. Damit beschäftigen wir uns beim Autofilter näher. Ich setze es fast immer.

Klappen Sie sich aber jetzt vielleicht die verschiedenen Formatvorlagen auf, die Sie ganz rechts in der Tabellentools-Registerkarte finden und streichen Sie mit der Maus über die verschiedenen Vorlagen. Dank der Live-Vorschau wird Ihre Tabelle jeweils die entsprechende Formatierung anzeigen, auch wenn Sie nicht klicken. Falls Sie also die Möglichkeiten der Tabellenfunktion schätzen, aber die Optik strenger mögen, können Sie sich dann auch eine sehr schlichte Version heraussuchen.

Es wird kaum einmal einen Anlass geben die Tabellenfunktion wieder abzuschalten. Falls Sie es aber doch wollen, geht das in der **Tabellentools**-Registerkarte unter der Schaltfläche **In Bereich konvertieren**. Dabei bleiben dann nicht nur die Daten erhalten, sondern auch die gewählten Formatierungen.

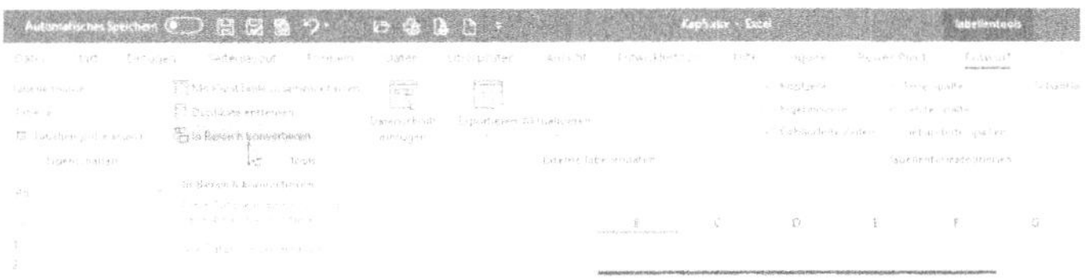

5.2 Rechnen

Die Schönheitsfragen der Tabellenfunktion mögen noch reine Geschmackssache sein, ernstlich Arbeitsersparnis kann man aber durch das Rechnen mit der Tabellenfunktion erzielen. Dazu habe ich einen Teil der Tabelle in ein neues Tabellenblatt kopiert und möchte jetzt eine sehr einfache Beispielrechnung darin vornehmen. Eine beliebig komplexe Konstruktion würde ebenso funktionieren. Wenn in der Praxis schon eine leere Spalte vorhanden ist, kann diese verwendet werden, aber sehen wir uns hier an was passiert, wenn genau neben eine vorhandene Tabelle noch Inhalte gesetzt werden.

Ich habe also in die Zelle **D4** „Doppelter Januar" geschrieben und dann mit **Enter** abgeschlossen.

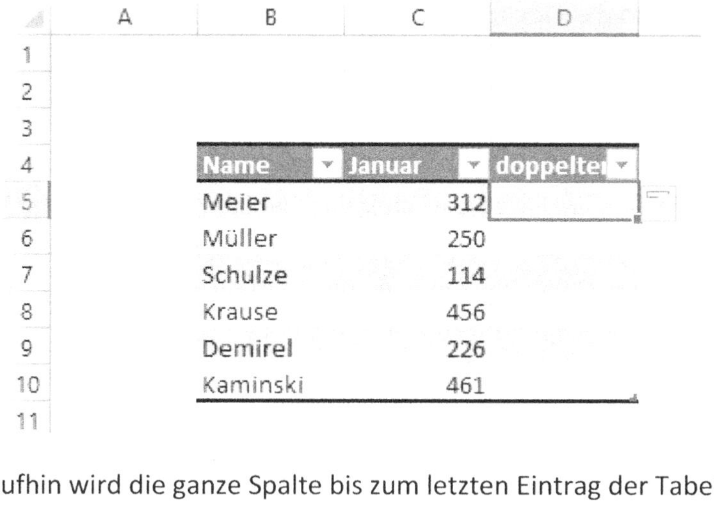

Daraufhin wird die ganze Spalte bis zum letzten Eintrag der Tabelle hinzugefügt. Wäre das nicht gewollt, könnte ich den Vorgang auch mit dem an der Zelle **D5** eingeblendeten Blitzsymbol wieder rückgängig machen.

Und jetzt wird es spannend: Ich schreibe in die Zelle **D5** eine Gleichung, die den Wert in Zelle **C5** verdoppelt. Dazu gebe ich den Zellbezug nicht über die Tastatur ein, sondern klicke die Zelle mit der Maus an:

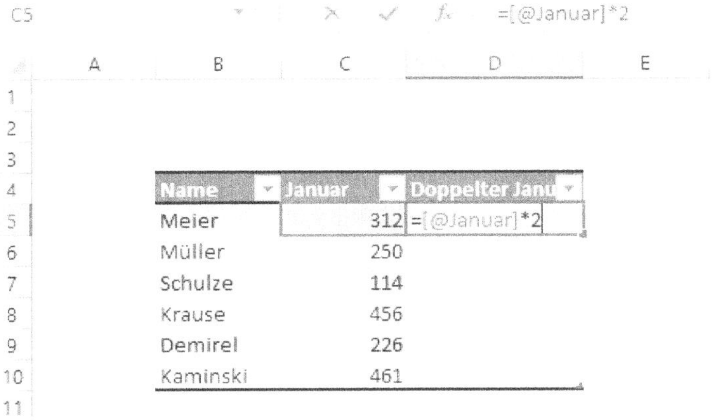

Hier wird schon klar, dass sich die Optik vom Gewohnten unterscheidet. Das finde ich praktisch und übersichtlich, muss das aber nicht so nehmen. Falls es Ihnen vertrauter sein sollte die Zellbezüge einzutippen, funktioniert der gleich folgende Effekt auch. Dieser tritt ein, wenn Sie nach der Eingabe einer beliebigen Gleichung auf die **Enter**-Taste drücken.

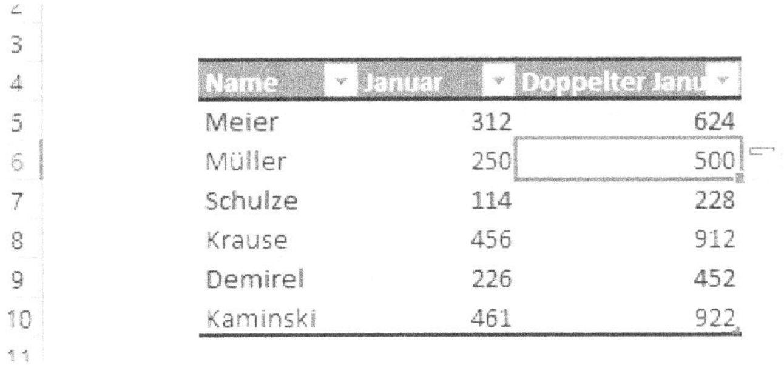

Alle Zellen dieser Spalte führen jetzt bis zum Tabellenende dieselbe Berechnung aus. Und sofern Sie an der Berechnung etwas zu korrigieren haben tun Sie es am besten in der obersten Zelle, dann werden alle nachfolgenden Zellen auch geändert. Das kann schon einige Arbeit mit den Bezügen sparen, die wir uns im Kapitel 6 noch einmal näher ansehen werden.

Noch einfacher werden gängige Rechenoperationen mit dem Schnellanalysetool ausgeführt, das in diesem Zusammenhang wohl seinen größten Charme entfaltet. Es handelt sich hier um eine noch einmal ausgebaute Version des SmartTags, das die Arbeit an vielen Stellen verschönern kann und noch viel zu wenig Beachtung findet.

Das Schnellanalysetool erscheint immer wenn die gesamte Tabelle markiert ist. Klicken Sie also in eine beliebige Zelle innerhalb der Tabelle und drücken Sie **Strg** und **A**, damit wird hier die Tabelle markiert. Daraufhin erscheint in der rechten unteren Ecke der Tabelle das Symbol der Schnellanalyse, das Sie anklicken können.

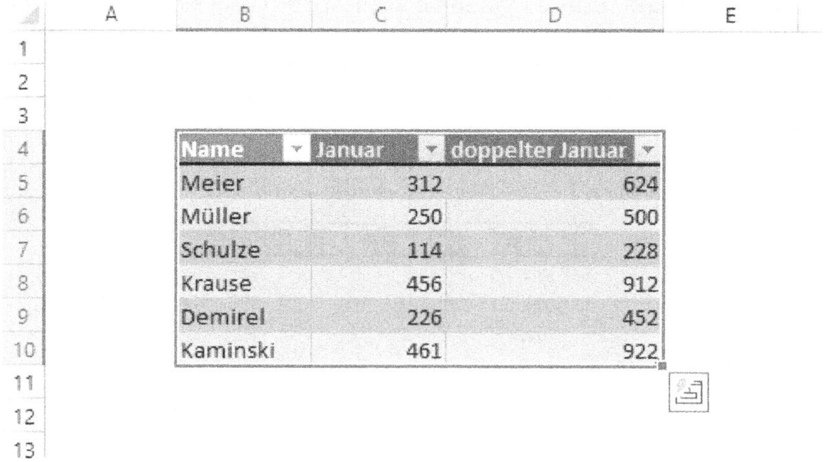

Name	Januar	doppelter Januar
Meier	312	624
Müller	250	500
Schulze	114	228
Krause	456	912
Demirel	226	452
Kaminski	461	922

Alternativ klicken Sie in eine Zelle der formatierten Tabelle und drücken Sie **Strg** und **Q**, dann wird das Schnellanalysetool gleich aufgefaltet.

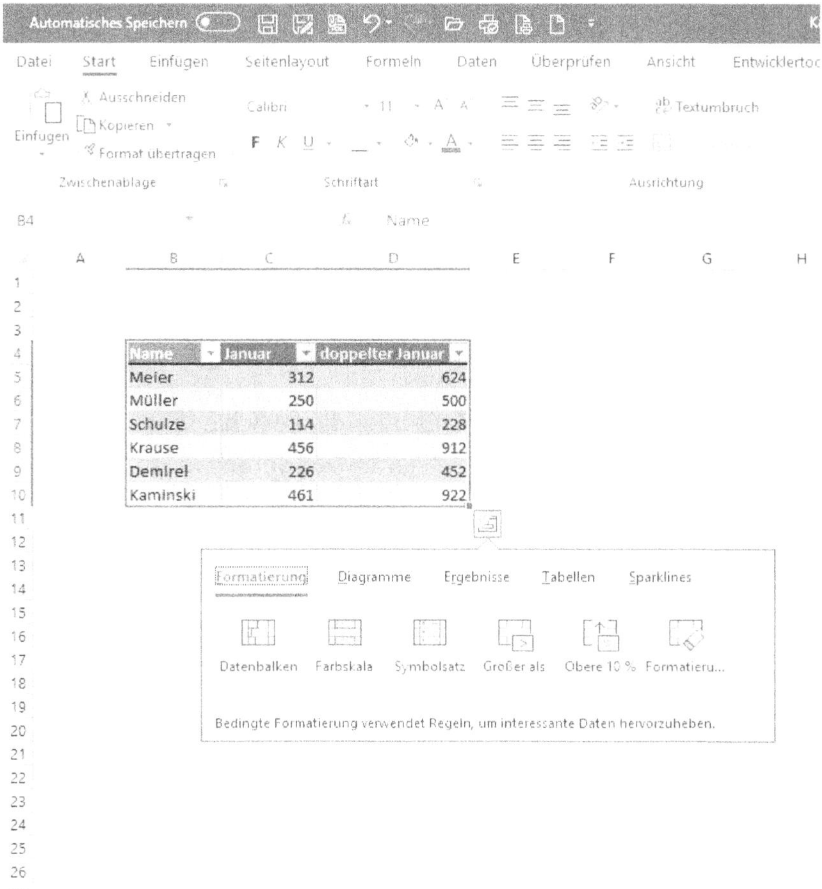

Dieses Schnellanalysetool will diverse recht unterschiedliche Funktionen vereinigen – hier interessiert uns aber nur, was unter dem Eintrag **Ergebnisse** angeboten wird.

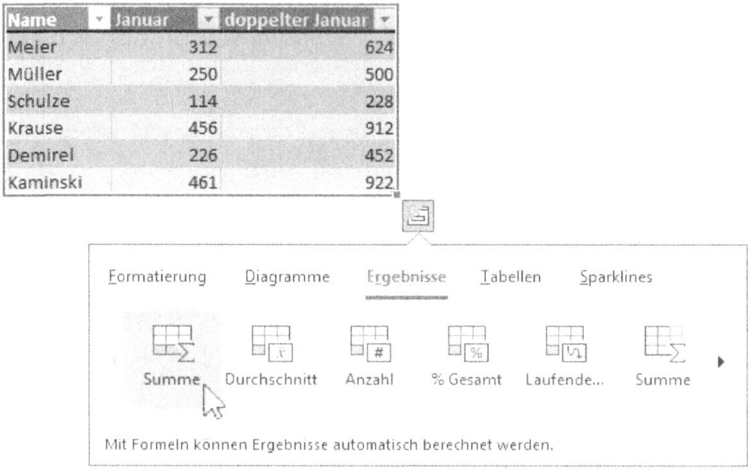

Streichen Sie einmal mit der Maus über die verschiedenen Angebote. Testen Sie auch die Möglichkeiten der Berechnungen pro Zeile, die auf der rechten Seite hereingerollt werden können.

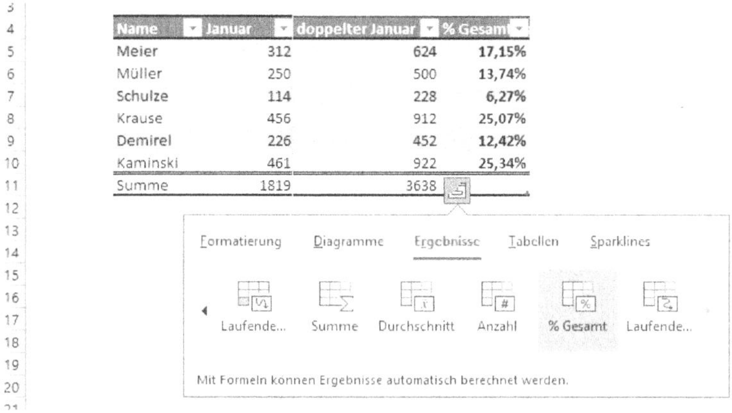

Noch komfortabler wird man einfache Rechenarbeit kaum machen können.

5.3 Gefilterte Listen

Mindestens ebenso schön wird die Arbeit mit dem Autofilter. Hier soll es nicht darum gehen den Autofilter zu erklären, das steht im Heft „Die Nadel im Heuhaufen“. Für den Moment wird vorausgesetzt, dass der Filter grundsätzlich bekannt ist. Wie die Optik der Tabelle eingestellt wird ist hier weitenteils Geschmackssache, es sollte aber unbedingt die Ergebniszeile eingeblendet werden. Meine Ausgangssituation sieht so aus:

Name	Januar	Februar	März
Meier	312	403	159
Müller	250	372	153
Schulze	114	487	334
Krause	456	410	342
Demirel	226	192	485
Kaminski	461	212	221
Ergebnis			1694

Praktischerweise wurde mir ganz ohne eigenes Zutun für die Märzspalte schon ein Ergebnis ausgerechnet. Aber was für eins? Das erfahre ich, wenn ich auf diese Zelle gehe und mir die Möglichkeiten ansehe, die dort geboten werden.

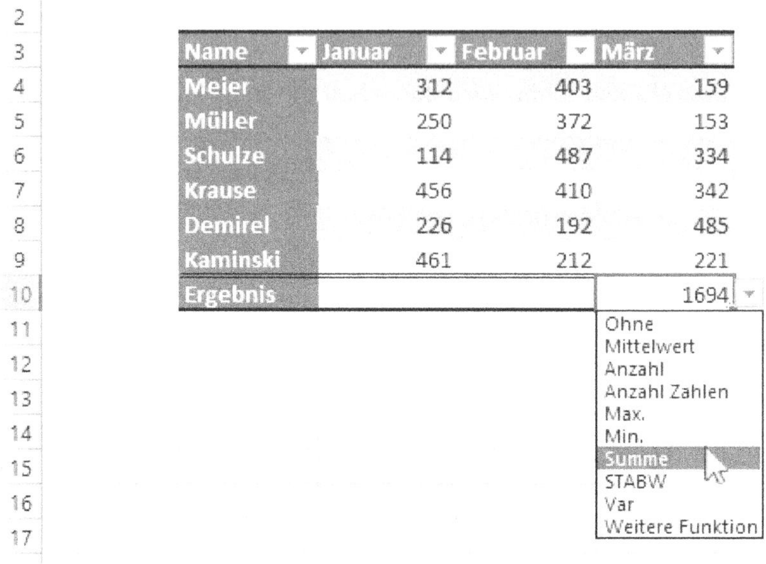

Name	Januar	Februar	März
Meier	312	403	159
Müller	250	372	153
Schulze	114	487	334
Krause	456	410	342
Demirel	226	192	485
Kaminski	461	212	221
Ergebnis			1694

Damit kann man praktisch alle gängigen Auswertungswünsche per Mausklick erfüllen. Dieselben Funktionen haben Sie unter allen anderen Spalten zur Verfügung – Sinn entfalten sie natürlich nur in Zahlenspalten. Und Sie können vorn natürlich die Beschriftung beliebig ändern und eine klare Bezeichnung eintragen.

Spannend wird die Sache jetzt aber, wenn in der Liste ein beliebiger Filter gesetzt wird. Ich filtere jetzt zum Beispiel auf Namen, die mit K anfangen. Das Ergebnis aktualisiert sich immer automatisch korrekt, egal welche Funktion Sie auswählen. Das gibt es so perfekt und pflegeleicht nur in den als Tabelle formatierten Tabellen.

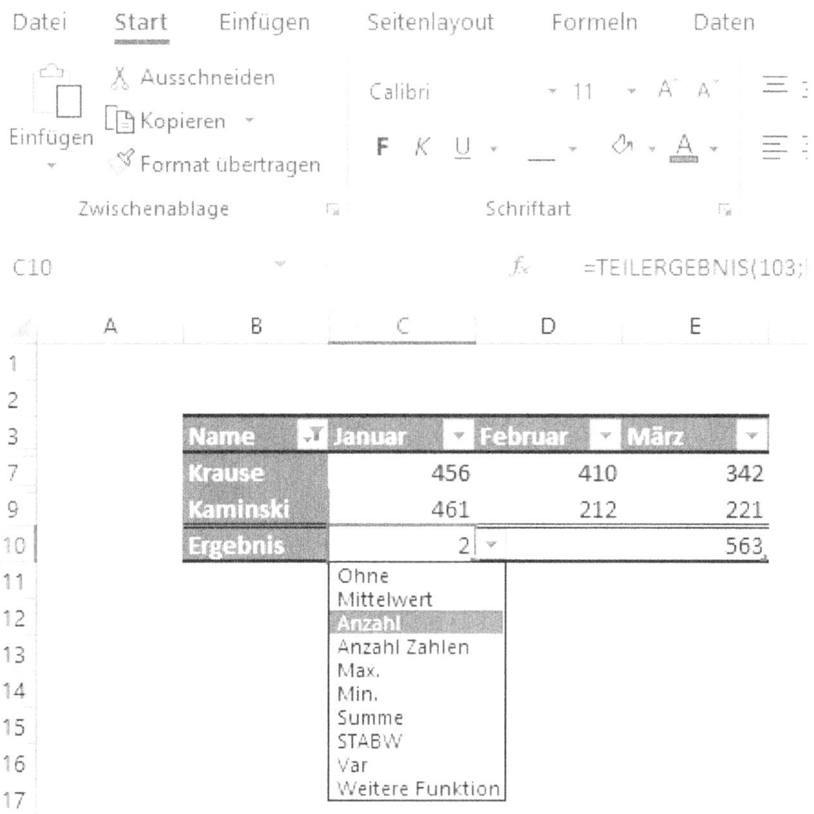
Datei
Start
Einfügen
Seitenlayout
Formeln
Daten
Ausschneiden
Kopieren
Format übertragen
Einfügen
Zwischenablage
Calibri
11
Schriftart
C10
=TEILERGEBNIS(103;
Name
Januar
Februar
März
Krause
456
410
342
Kaminski
461
212
221
Ergebnis
2
563
Ohne
Mittelwert
Anzahl
Anzahl Zahlen
Max.
Min.
Summe
STABW
Var
Weitere Funktion

6 Passende Bezüge setzen

Wir haben jetzt an verschiedenen Stellen Bezüge in Tabellenzellen gesehen, sind aber bisher immer nonchalant darüber hinweggegangen, weil sie vorerst nicht so wichtig waren. Excel hat sie immer automatisch korrekt gesetzt. Spätestens hier sollten sie aber einmal besprochen werden, weil sie für das Rechnen in Excel wirklich von grundlegender Bedeutung sind.

Dazu haben wir ein kleines Beispiel mit der Autosumme, die wahrscheinlich die meistverwendete Funktion im ganzen Excel ist. Nachdem der Zellcursor unter die Zahlenkolonne gesetzt wurde, reicht ein Klick auf das **Σ**-Zeichen, das wir z.B. rechts oben in der Registerkarte **Start** finden.

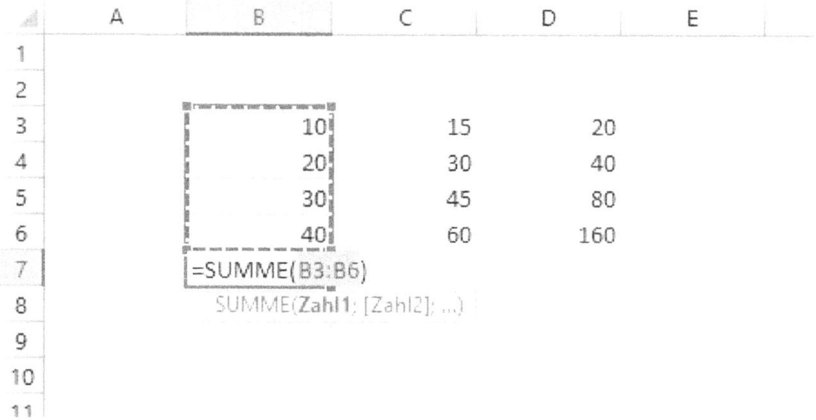

Es wird dann automatisch die Summenfunktion eingefügt und der (meist) passende Bereich vorgeschlagen. Mit einem Druck auf **Enter** wird die Sache für die aktuelle Zelle bestätigt. Wenn wir nun aber die selbe Operation für alle Spalten ausführen wollen, müssen wir nicht von vorn anfangen. Es genügt vollkommen die rechte untere Ecke der Zelle mit der Berechnung mit der linken Maustaste festzuhalten und so weit zu ziehen wie gewünscht. Excel versteht jeweils, dass die jeweils über der Zelle liegenden Werte verrechnet werden sollen und führt das aus. Das ist weithin bekannt und funktioniert zuverlässig ebenso über Zeilen und natürlich auch mit Gleichungen.

	A	B	C	D	E
1					
2					
3		10	15	20	
4		20	30	40	
5		30	45	80	
6		40	60	160	
7		100	150	300	
8					
9					

Das Vorhaben scheitert in dieser Einfachheit aber, wenn wir z.B. eine Konstante verrechnen wollen. Hier soll z.B. aus diversen Nettobeträgen der Bruttobetrag errechnet werden.

DATUM =B15+B15*C12

	A	B	C	D	E
10					
11					
12		MwSt.	19%		
13					
14		**Netto**	**Brutto**		
15		100,00 €	=B15+B15*C12		
16		200,00 €			
17		300,00 €			
18		400,00 €			
19		500,00 €			
20		600,00 €			
21		700,00 €			
22					

Nach Eingabe genügt ein Druck auf **Enter** und der Bruttobetrag für die 100 € netto wird korrekt ausgerechnet. Zieht man jedoch dann die rechte untere Ecke der Zelle **C15** herunter wie im vorigen Beispiel, bekommt man ein etwas merkwürdiges Ergebnis.

12	MwSt.	19%
13		
14	**Netto**	**Brutto**
15	100,00 €	119,00 €
16	200,00 €	200,00 €
17	300,00 €	#WERT!
18	400,00 €	48.000,00 €
19	500,00 €	100.500,00 €
20	600,00 €	#WERT!
21	700,00 €	33.600.700,00 €
22		
23		

Die Sache kann so nicht stimmen. Aber wie kommt das zustande? Dazu hilft ein Doppelklick z.B. in die Zelle **C17**, die anscheinend gar nicht rechnen möchte.

	A	B	C	D	E
10					
11					
12		MwSt.	19%		
13					
14		**Netto**	**Brutto**		
15		100,00 €	119,00 €		
16		200,00 €	200,00 €		
17		300,00 €	=B17+B17*C14		
18		400,00 €	48.000,00 €		
19		500,00 €	100.500,00 €		
20		600,00 €	#WERT!		
21		700,00 €	33.600.700,00 €		
22					

Wie eben werden die verrechneten Zellen farblich markiert und ich sehe, dass offenbar der Versuch scheitert, die 300 Euro mit dem Wort „Brutto" zu multiplizieren. Wie kommt Excel auf die Idee? Weil es sich standardmäßig intern die Zellpositionen relativ zur aktuell aktiven Zelle merkt. Im Falle von **C15** mit den 119 € also intern „ich soll die Zelle neben mir multiplizieren mit der drei Zeilen über mir und dann noch mal die neben mir addieren". Diese Anweisung ist dort sinnvoll und ausführbar. In allen anderen Zellen darunter ist sie aber teils sinnlos, teils unmöglich. Was wir also brauchen ist eine Möglichkeit Excel verständlich zu machen, dass es auf die Zelle **C12** ankommt, in der die Mehrwertsteuer steht. Das können wir lösen mit Hilfe des $-Symbols, das wir schon mehrfach gesehen haben. Dieses Dollarzeichen wird jeweils vor denjenigen Teil des Bezugs gesetzt, der festgehalten werden soll:

- **C12 – relativer Bezug**
  Wenn die Ausgangszelle gezogen wird, gleitet der Bezug auf diese Zelle mit

- **C12 - absoluter Bezug**
  Wenn die Ausgangszelle gezogen wird, bleibt der Bezug fest bei C12

- **$C12 – Spalte fest**
  Wenn die Ausgangszelle gezogen wird, bleibt der Bezug auf jeden Fall in der Spalte C

- **C$12 – Zeile fest**
  Wenn die Ausgangszelle gezogen wird, bleibt der Bezug auf jeden Fall in der Zeile 12

Häufig gibt es bei den Bezügen zwei richtige Möglichkeiten. In unserem Beispiel wäre es der zweite und der vierte. Denn wenn ich nach unten ziehe, besteht ja keine Gefahr, dass ich aus der Spalte rutsche. Es ist also egal, ob ich sie festhalte oder nicht. Nur das Dollarzeichen vor der Zeile ist in unserem Beispiel wichtig. Ich korrigiere also die Gleichung in der Zeile 15, ziehe wieder an der Ecke herunter und bekomme die korrekten Ergebnisse.

	A	B	C
10			
11			
12		MwSt.	19%
13			
14		**Netto**	**Brutto**
15		100,00 €	119,00 €
16		200,00 €	238,00 €
17		300,00 €	357,00 €
18		400,00 €	476,00 €
19		500,00 €	595,00 €
20		600,00 €	714,00 €
21		700,00 €	833,00 €
22			
23			

Falls Ihnen das Einsetzen der Dollarzeichen zu fummelig sein sollte, schauen Sie sich einmal Ihre Tastatur an: Dort findet man das Dollarzeichen über der 4. Das ist eine gute Gedächtnisstütze um sich zu merken, dass man sämtliche Bezüge auch über die darüber liegende Funktionstaste **F4** umschalten kann. Ich habe also in die Zelle **C15** geklickt und den Cursor in den Bezug **C12** gesetzt. Jeder Tastendruck bietet mir jetzt eine anderen Variante der vier Bezugsarten.

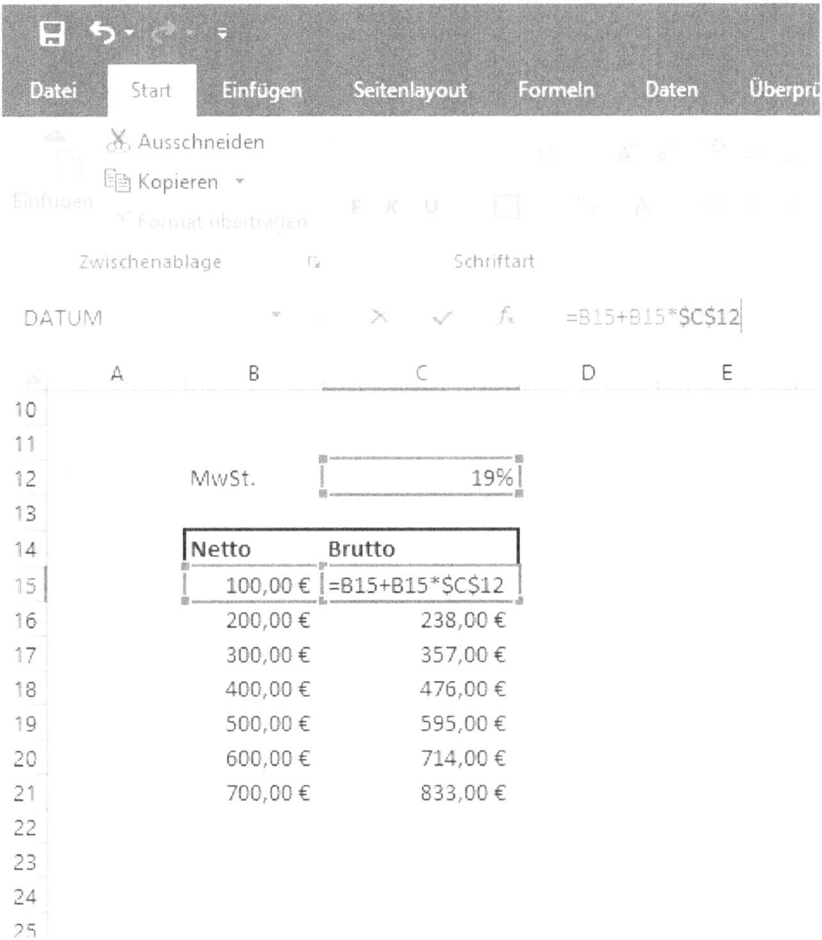

Manches, das hier erklärt wird, braucht nicht jeder. Die Kenntnis und richtige Verwendung der Bezugsarten gehört aber zum Basiswissen für jede halbwegs fortgeschrittene Verwendung von Rechenoperationen in Excel. Wo immer Sie Bezüge sehen, können Sie sie ändern – manchmal führt wie hier nur die Änderung der vorgefundenen Art zu einem sinnvollen Ergebnis.

7 Das Sahnehäubchen: viereckig rechnen

Mit richtig gesetzten Bezügen lässt sich schon das Allermeiste erreichen. Aber gelegentlich will man noch mehr. Stellen Sie sich vor, Sie wollen schnell, vielleicht am Telefon auf Zuruf, Flächen ausrechnen. Da haben Sie keine Zeit, das jeweils mit einer Hand in Excel oder den Taschenrechner zu tippen, sie wollen das einfach mit dem Finger auf einer Tabelle ablesen. Aber wenn Sie sich da mit Bezügen so ein gutes Stück erstellen wollen, ist das eine sehr freudlose Arbeit, denn Sie müssen eventuell sehr viele Gleichungen neu erstellen. Dabei wollen Sie eigentlich nur alle Breitenmaße mit allen Längenmaßen multiplizieren. Da werden Sie sich sicher wünschen, dass das einfacher geht. Tut es auch, wenn man den Trick kennt. Je länger die Liste der möglichen Werte ist, desto einleuchtender ist der Vorteil des folgenden Verfahrens. Damit die Sache aber hier übersichtlich abdruckbar ist, habe ich wieder eine kleine Tabelle erstellt.

	A	B	C	D	E	F	G	H	I	J	K	L
1												
2		Länge in m										
3												
4			0,1	0,2	0,3	0,4	0,5	0,6	0,7	0,8	0,9	
5		0,1										
6		0,2										
7		0,3										
8	Breite in m	0,4										
9		0,5										
10		0,6										
11		0,7										
12		0,8										
13		0,9										

Ich markiere jetzt alle Zellen der Tabelle, in denen das Flächenmaß eingefügt werden soll. Dann streiche ich mit gedrückter linker Maustaste über alle Längenangaben.

	A	B	C	D	E	F	G	H	I	J	K	L
1												
2		Länge in m										
3												
4			0,1	0,2	0,3	0,4	0,5	0,6	0,7	0,8	0,9	
5		0,1	=C4:K4									
6		0,2										
7		0,3										
8	m	0,4										

Danach drücke ich * für die Multiplikation und streiche über die Breitenangaben.

	A	B	C	D	E	F	G	H	I	J	K
1											
2		Länge in m									
3											
4			0,1	0,2	0,3	0,4	0,5	0,6	0,7	0,8	0,9
5		0,1	=C4:K4*B5:B13								
6		0,2									
7		0,3									
8		0,4									
9	Breite in m	0,5									
10		0,6									
11		0,7									
12		0,8									
13		0,9									
14											

Was jetzt kommt, lässt sich ausnahmsweise nur auf eine einzige Art ausführen, nämlich mit einem sehr speziellen Tastaturkürzel. Wir brauchen jetzt nämlich eine geschweifte Klammer um die ganze Gleichung und bekommen sie **ausschließlich** durch gleichzeitiges Drücken von **STRG + Shift + Enter**.

C5 | fx | {=C4:K4*B5:B13}

	A	B	C	D	E	F	G	H	I	J	K
1											
2		Länge in m									
3											
4			0,1	0,2	0,3	0,4	0,5	0,6	0,7	0,8	0,9
5	Breite in m	0,1	0,0	0,0	0,0	0,0	0,1	0,1	0,1	0,1	0,1
6		0,2	0,0	0,0	0,1	0,1	0,1	0,1	0,1	0,2	0,2
7		0,3	0,0	0,1	0,1	0,1	0,2	0,2	0,2	0,2	0,3
8		0,4	0,0	0,1	0,1	0,2	0,2	0,2	0,3	0,3	0,4
9		0,5	0,1	0,1	0,2	0,2	0,3	0,3	0,4	0,4	0,5
10		0,6	0,1	0,1	0,2	0,2	0,3	0,4	0,4	0,5	0,5
11		0,7	0,1	0,1	0,2	0,3	0,4	0,4	0,5	0,6	0,6
12		0,8	0,1	0,2	0,2	0,3	0,4	0,5	0,6	0,6	0,7
13		0,9	0,1	0,2	0,3	0,4	0,5	0,5	0,6	0,7	0,8

Alle Zellen enthalten jetzt die richtig ausgerechneten Ergebnisse, in diesem konkreten Beispiel sieht man es ihnen nur noch nicht gleich an, weil nur eine Kommastelle angezeigt wird. Um sie anzuzeigen, hilft ein Klick auf die entsprechende Schaltfläche in der Registerkarte **Start**.

Danach sehe ich in allen Zellen glaubwürdige Werte und habe dafür nur eine Gleichung tippen müssen.

Länge in m

Breite in m		0,1	0,2	0,3	0,4	0,5	0,6	0,7	0,8	0,9
	0,1	0,01	0,02	0,03	0,04	0,05	0,06	0,07	0,08	0,09
	0,2	0,02	0,04	0,06	0,08	0,10	0,12	0,14	0,16	0,18
	0,3	0,03	0,06	0,09	0,12	0,15	0,18	0,21	0,24	0,27
	0,4	0,04	0,08	0,12	0,16	0,20	0,24	0,28	0,32	0,36
	0,5	0,05	0,10	0,15	0,20	0,25	0,30	0,35	0,40	0,45
	0,6	0,06	0,12	0,18	0,24	0,30	0,36	0,42	0,48	0,54
	0,7	0,07	0,14	0,21	0,28	0,35	0,42	0,49	0,56	0,63
	0,8	0,08	0,16	0,24	0,32	0,40	0,48	0,56	0,64	0,72
	0,9	0,09	0,18	0,27	0,36	0,45	0,54	0,63	0,72	0,81

8 Flash fill - die Blitzvorschau

Normalerweise bin ich ja eine große Freundin klarer deutscher Begriffe. Aber leider ist es Microsoft hier nicht gelungen eine gute deutsche Übersetzung für das zu finden, das sich im Englischen flash fill nennt. Denn von simpler Vorschau kann bei der Blitzvorschau nicht die Rede sein – sie führt gleich bis zum Ende aus. Und sie ist ein begeistert verwendetes Werkzeug.

Die Blitzvorschau ist speziell für diejenigen Nutzer geeignet, die viel mit Listen zu tun haben. Häufig liegen diese Listen nicht genau so vor, wie sie gebraucht werden. Man kann sie händisch anpassen, man kann sich mit den Textfunktionen vertraut machen und wird damit auch einiges erreichen können, aber so schnell wie mit der Blitzvorschau wird man es kaum schaffen. Wieder haben wir dazu eine Beispieltabelle:

	A	B	C	D
1				
2	**Kd.-Nr.**	**Adresse**	**Bestelldatum**	
3	354554	Fritz Krause, Dorfstr. 7, 12345 Kleina	15.06.2017	
4	124535	Karin Müller, Markt 45, 34572 Berlin	22.06.2017	
5	528159	Ali Özgentürk, Turmstr. 7, 10559 Berlin	01.05.2017	
6	327138	Vera Stanislawski, Am Platz 4, 23446 Kleinstadt	02.07.2017	
7	617381	Heinz Fischer, Seestr. 50, 87340 Legstdinieder	02.06.2017	
8	296528	Nele Hartmann, Steinstr. 6, 44750 Hinterwald	24.03.2017	
9	356-837	Klaus Meier, Hauptstr. 56, 94857 Stuttgart	01.07.2017	
10	662546	Dörte Schulze, Tannenweg 23, 04746 Schönau	21.05.2017	
11	123-789	Thomas Kruske, Nebenstr. 3, 23874 Buxtehude	10.02.2017	
12				
13				
14				
15				

Aus dieser Tabelle sollen zunächst nur die Nachnamen extrahiert werden. Damit das funktioniert ist es wichtig, dass unmittelbar neben existente Zellen geschrieben wird, eine Leerspalte würde die Funktion abschalten. Also: Da ich die Nachnamen möchte, schreibe ich in die Zelle **D3** den ersten Nachnamen. Dann gehe ich in die Zelle darunter und fange an, Frau Müllers Nachnamen zu schreiben.

	A	B	C	D
1				
2	**Kd.-Nr.**	**Adresse**	**Bestelldatum**	
3	354554	Fritz Krause, Dorfstr. 7, 12345 Kleina	15.06.2017	Krause
4	124535	Karin Müller, Markt 45, 34572 Berlin	22.06.2017	Müller
5	528159	Ali Özgentürk, Turmstr. 7, 10559 Berlin	01.05.2017	
6	327138	Vera Stanislawski, Am Platz 4, 23446 Kleinstadt	02.07.2017	
7	617381	Heinz Fischer, Seestr. 50, 87340 Legstdinieder	02.06.2017	
8	296528	Nele Hartmann, Steinstr. 6, 44750 Hinterwald	24.03.2017	
9	356-837	Klaus Meier, Hauptstr. 56, 94857 Stuttgart	01.07.2017	
10	662546	Dörte Schulze, Tannenweg 23, 04746 Schönau	21.05.2017	
11	123-789	Thomas Kruske, Nebenstr. 3, 23874 Buxtehude	10.02.2017	
12				
13				
14				

Ich brauche jetzt nur noch mit **Enter** zu bestätigen und bekomme sämtliche Einträge gern auch bis zur millionsten Zeile korrekt eingefügt. Diese Funktion kann viel Arbeit ersparen, sie ist aber noch etwas sensibel. Falls Sie sich nicht rechtzeitig zur Bestätigung entscheiden oder zwecks Test vielleicht die Vorschläge einmal ablehnen und löschen, bekommen Sie die Liste in dieser Schönheit nicht ohne weiteres wieder. Sie müssen dann wieder in die oberste schon von Ihnen ausgefüllte Zelle gehen und die versteckte Schaltfläche der Blitzvorschau finden: ganz rechts in der Registerkarte Start unter **Füllbereich** der unterste Eintrag.

Dort finden wir auch den Hinweis, welchen Shortcut man verwenden kann: **Strg** und **E**. E für „Ergänzen" lässt sich hier gut merken. Wenn Shortcuts nicht so Ihren Geschmack treffen, sehen wir uns im letzten Kapitel dann noch an, wie man auch diese versteckte Schaltfläche etwas griffbereiter legen kann.

Wenn Sie jedenfalls jetzt die Liste der Namen vor sich sehen, testen Sie ruhig etwas durch, indem Sie andere Teile des Datensatzes in die oberste Zelle schreiben. Es sollte jeweils alles funktionieren.

Sehen Sie sich jetzt einmal die Kundennummern an. Sie haben eine unterschiedliche Struktur: die meisten ohne Bindestrich, einige mit. Normalerweise werden sie so wiederholt, wie sie vorgefunden wurden.

Die grüne Ecke hier stört uns nicht, denn beim Draufhalten der Maus auf das Ausrufezeichen werden wir informiert, dass die Inhalte der Zellen als Text formatiert sind und wir deshalb damit nicht rechnen können. Das macht uns auch nichts, denn eine Summe oder ein Durchschnitt daraus entfaltet hier keinen Sinn.

	A	B	C	D
1				
2	**Kd.-Nr.**	**Adresse**	**Bestelldatum**	
3	354554	Fritz Krause, Dorfstr. 7, 12345 Kleina	15.06.2017	354554
4	124535	Karin Müller, Markt 45, 34572 Berlin	22.06.2017	124535
5	528159	Ali Özgentürk, Turmstr. 7, 10559 Berlin	01.05.2017	528159
6	327138	Vera Stanislawski, Am Platz 4, 23446 Kleinstadt	02.07.2017	327138
7	617381	Heinz Fischer, Seestr. 50, 87340 Legstdinieder	02.06.2017	617381
8	296528	Nele Hartmann, Steinstr. 6, 44750 Hinterwald	24.03.2017	296528
9	356-837	Klaus Meier, Hauptstr. 56, 94857 Stuttgart	01.07.2017	356-837
10	662546	Dörte Schulze, Tannenweg 23, 04746 Schönau	21.05.2017	662546
11	123-789	Thomas Kruske, Nebenstr. 3, 23874 Buxtehude	10.02.2017	123-789
12				
13				

Also: es geht um die Kundennummern. Bei den Kunden Meier und Kruske ist ein Bindestrich in der Kundennummer, vielleicht, weil sie mit einem anderen System aufgenommen wurden oder da ein Tippfehler vorliegt. Löschen Sie jetzt den Bindestrich bei seinem ersten Auftreten, also bei Meier, und Sie sehen, dass er auch bei Kruske entfernt wird.

	A	B	C	D
1				
2	**Kd.-Nr.**	**Adresse**	**Bestelldatum**	
3	354554	Fritz Krause, Dorfstr. 7, 12345 Kleina	15.06.2017	354554
4	124535	Karin Müller, Markt 45, 34572 Berlin	22.06.2017	124535
5	528159	Ali Özgentürk, Turmstr. 7, 10559 Berlin	01.05.2017	528159
6	327138	Vera Stanislawski, Am Platz 4, 23446 Kleinstadt	02.07.2017	327138
7	617381	Heinz Fischer, Seestr. 50, 87340 Legstdinieder	02.06.2017	617381
8	296528	Nele Hartmann, Steinstr. 6, 44750 Hinterwald	24.03.2017	296528
9	356-837	Klaus Meier, Hauptstr. 56, 94857 Stuttgart	01.07.2017	356837
10	662546	Dörte Schulze, Tannenweg 23, 04746 Schönau	21.05.2017	662546
11	123-789	Thomas Kruske, Nebenstr. 3, 23874 Buxtehude	10.02.2017	123789
12				

Ganz ähnlich können auch andere Änderungen vorgenommen werden wie z.B. bei der Groß- und Kleinschreibung.

Kd.-Nr.	Adresse	Bestelldatum	
354554	Fritz Krause, Dorfstr. 7, 12345 Kleina	15.06.2017	krause, fritz
124535	Karin Müller, Markt 45, 34572 Berlin	22.06.2017	müller, karin
528159	Ali Özgentürk, Turmstr. 7, 10559 Berlin	01.05.2017	özgentürk, ali
327138	Vera Stanislawski, Am Platz 4, 23446 Kleinstadt	02.07.2017	stanislawski, vera
617381	Heinz Fischer, Seestr. 50, 87340 Legstdinieder	02.06.2017	fischer, heinz
296528	Nele Hartmann, Steinstr. 6, 44750 Hinterwald	24.03.2017	hartmann, nele
356-837	Klaus Meier, Hauptstr. 56, 94857 Stuttgart	01.07.2017	meier, klaus
662546	Dörte Schulze, Tannenweg 23, 04746 Schönau	21.05.2017	schulze, dörte
123-789	Thomas Kruske, Nebenstr. 3, 23874 Buxtehude	10.02.2017	kruske, thomas

Mit etwas Nachhilfe funktioniert das auch mit Zahlen – hier habe ich aber in der dritten Zeile etwas nachhelfen müssen, damit verstanden wurde, dass ich jeweils ein Jahr später haben wollte.

Kd.-Nr.	Adresse	Bestelldatum	
354554	Fritz Krause, Dorfstr. 7, 12345 Kleina	15.06.2017	15.6.2018
124535	Karin Müller, Markt 45, 34572 Berlin	22.06.2017	22.6.2018
528159	Ali Özgentürk, Turmstr. 7, 10559 Berlin	01.05.2017	01.5.2018
327138	Vera Stanislawski, Am Platz 4, 23446 Kleinstadt	02.07.2017	02.7.2018
617381	Heinz Fischer, Seestr. 50, 87340 Legstdinieder	02.06.2017	02.6.2018
296528	Nele Hartmann, Steinstr. 6, 44750 Hinterwald	24.03.2017	24.3.2018
356-837	Klaus Meier, Hauptstr. 56, 94857 Stuttgart	01.07.2017	01.7.2018
662546	Dörte Schulze, Tannenweg 23, 04746 Schönau	21.05.2017	21.5.2018
123-789	Thomas Kruske, Nebenstr. 3, 23874 Buxtehude	10.02.2017	10.2.2018

Auch Ergänzungen sind möglich. Hier habe ich die Postleitzahl verändert und musste wieder in der zweiten Zeile noch etwas nachhelfen, bis ich verstanden wurde.

	A	B	C	D
1				
2	**Kd.-Nr.**	**Adresse**	**Bestelldatum**	
3	354554	Fritz Krause, Dorfstr. 7, 12345 Kleina	15.06.2017	D-12345
4	124535	Karin Müller, Markt 45, 34572 Berlin	22.06.2017	D-34572
5	528159	Ali Özgentürk, Turmstr. 7, 10559 Berlin	01.05.2017	D-10559
6	327138	Vera Stanislawski, Am Platz 4, 23446 Kleinstadt	02.07.2017	D-23446
7	617381	Heinz Fischer, Seestr. 50, 87340 Legstdinieder	02.06.2017	D-87340
8	296528	Nele Hartmann, Steinstr. 6, 44750 Hinterwald	24.03.2017	D-44750
9	356-837	Klaus Meier, Hauptstr. 56, 94857 Stuttgart	01.07.2017	D-94857
10	662546	Dörte Schulze, Tannenweg 23, 04746 Schönau	21.05.2017	D-04746
11	123-789	Thomas Kruske, Nebenstr. 3, 23874 Buxtehude	10.02.2017	D-23874
12				
13				

Selbst E-Mail-Adressen können erstellt werden, wenn man noch die Umlaute nachputzt.

13				
14	**Kd.-Nr.**	**Adresse**	**Bestelldatum**	
15	354554	Fritz Krause, Dorfstr. 7, 12345 Kleina	15.06.2017	f.k@koys.de
16	124535	Karin Müller, Markt 45, 34572 Berlin	22.06.2017	k.m@koys.de
17	528159	Ali Özgentürk, Turmstr. 7, 10559 Berlin	01.05.2017	
18	327138	Vera Stanislawski, Am Platz 4, 23446 Kleinstadt	02.07.2017	
19	617381	Heinz Fischer, Seestr. 50, 87340 Legstdinieder	02.06.2017	
20	296528	Nele Hartmann, Steinstr. 6, 44750 Hinterwald	24.03.2017	
21	356-837	Klaus Meier, Hauptstr. 56, 94857 Stuttgart	01.07.2017	
22	662546	Dörte Schulze, Tannenweg 23, 04746 Schönau	21.05.2017	
23	123-789	Thomas Kruske, Nebenstr. 3, 23874 Buxtehude	10.02.2017	
24				
25				

9 Die Schnellzugriffsleiste

Eben hatten wir mit der Schaltfläche für die Blitzvorschau ein gutes Beispiel für Funktionen, die sehr gut versteckt wurden. Das gilt nicht nur für diese, sondern auch viele andere die es teilweise schon lange gibt, die es aber nie bis auf die Benutzeroberfläche geschafft haben. Es kann aber trotzdem gut sein, dass Sie gerade diese Schaltfläche sehr gut brauchen könnten und nicht jedes Mal einzeln herauswühlen möchten. Sofern Sie die entsprechende Schaltfläche schon im Menüband finden konnten, ist die Sache einfach. Klicken Sie sie mit der rechten Maustaste an und wählen Sie aus dem Kontextmenü **Zur Symbolleiste für den Schnellzugriff hinzufügen**.

Danach finden Sie die Schaltfläche genau dort: in der Schnellzugriffsleiste, die von Microsoft nur mit wenigen Symbolen ausgeliefert wird: dem **Speichern**, **Rückgängig machen** und

Wiederherstellen, in Office 365 meist noch dem **Automatischen Speichern**.

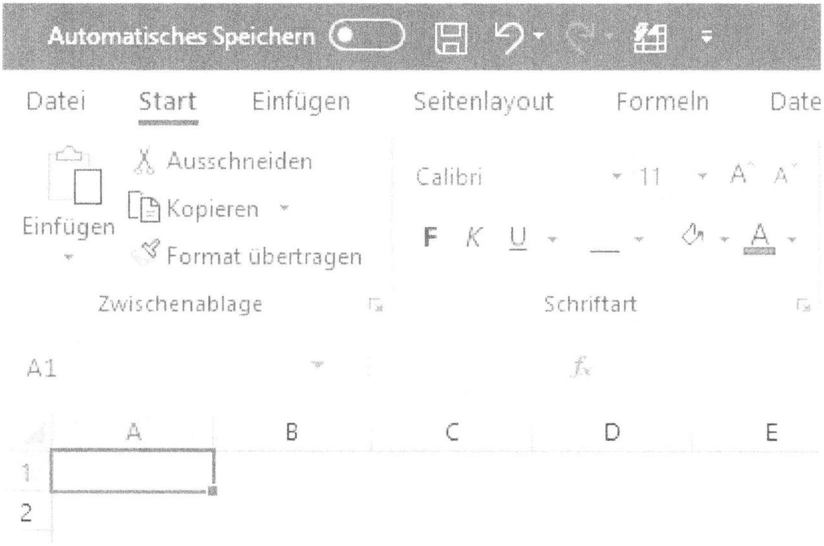

Hier wie an vielen anderen Stellen können Sie bei Überstreichen einer Schaltfläche mit der Maus eine Erinnerung erhalten, welches Tastaturkürzel die Funktion ebenso starten würde wie ein Mausklick.

Aber wir waren bei der Schnellzugriffsleiste, die wir jetzt noch weiter anpassen wollen. Denn es gibt diverse Funktionen, die gar nicht auf der Benutzeroberfläche zu finden sind oder einfach umständlich zu finden sind. Diese können wir uns hier oben in der Schnellzugriffsleiste griffbereit legen. Klicken Sie dazu einmal auf den Pfeil ganz am Ende der Leiste.

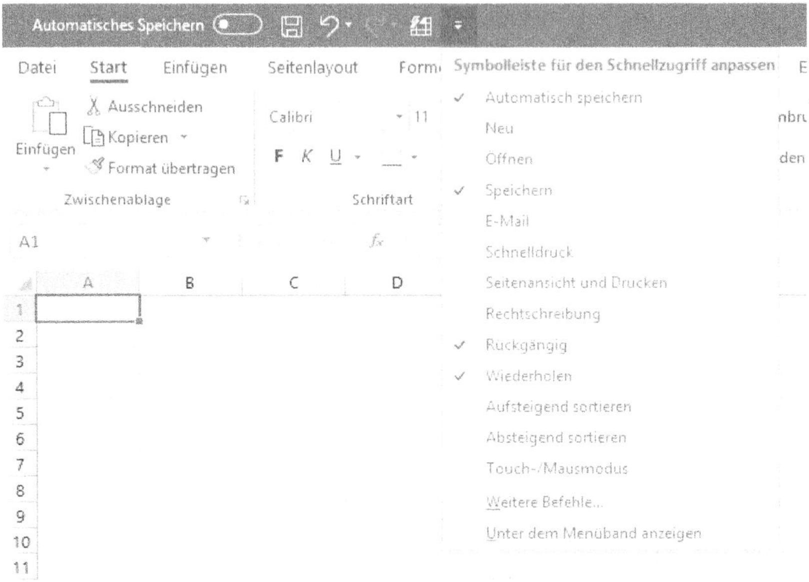

Die Häkchen stehen für die von Microsoft bereits aktivierten Funktionen. Eventuell gefällt Ihnen ja etwas von der Auswahl, klicken Sie es einfach an, dann liegt diese Funktion ab sofort auch in der Schnellzugriffsleiste. Ich mag dort zum Beispiel die Druckfunktion.

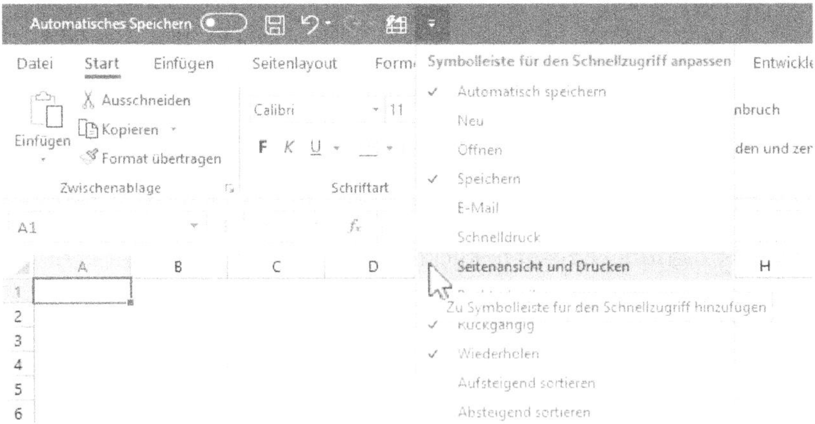

Vielleicht vermissen Sie aber auch andere Funktionen, die Sie hier nicht sehen. Um diese aufzurufen, klicken Sie auf **Weitere Befehle...**. Sie landen damit in einem umfangreichen Dialogfenster, das Ihnen allerdings anfangs auch nur eine reduzierte Auswahl an Befehlen anbietet. Klappen Sie einfach die Auswahl an und wählen Sie **Alle Befehle**. Erst danach sehen Sie tatsächlich alle Befehle, die es gibt.

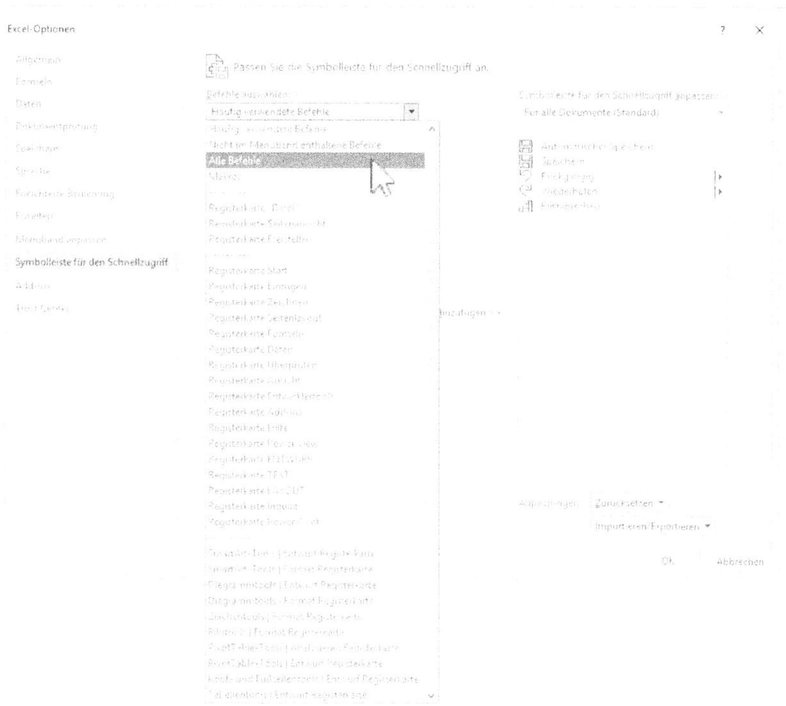

Probieren Sie hier ruhig aus was Sie gebrauchen können, richtige und falsche Einstellungen gibt es nicht, nur bequeme und unbequeme.

10 Weiterführendes

In der Reihe „kurz & knackig“ sind u.a. bisher erschienen:

Bd. 1: Eingaben steuern und nachverfolgen

Bd. 3: Sofortiger Überblick

Bd. 4: Outlook als persönliche Assistentin (Outlook 2010, 2013 und 2016)

Bd. 5: Bewegung!

Bd. 6: Die Nadel im Heuhaufen

Bd. 7: Datenmassen bändigen

Bd. 8: Mailings erstellen und selbst frankieren

Bd. 9: Das digitale Notizbuch

Bd. 10: Teamarbeit

Bd. 11: Office 365 – Was gibt's Neues?

Bd. 12: Office 2019 – Was gibt's Neues?

Bd. 13: Outlook 2019 als persönliche Assistentin

Bd. 14: Arbeit für Doofe sparen

… diese und alle neuen jeweils unter

www.kurzundknackig.online und **KurzUndKnackig**

Sowie weiterhin von Ina Koys:

Powerpoint 2013 mit Unternehmensvorgaben

Powerpoint 2016 mit Unternehmensvorgaben

ATTENTION DEFICIT DISORDER IN ADULTS

BOB BRAY

Attention Deficit Disorder in Adults

ISBN-13: 978-1988152035

The cartoons in this book are not intended to offend or minimalize the important issue that is Attention Deficit Disorder and Post Traumatic Stress Disorder. It is an interpretation from my own personal experiences.

"If we couldn't laugh, we would all go insane."

Robert Frost

CONTENTS

CONTENTS

DUCTION

derstand…

between Attention
eractivity Disorder
c Stress Disorder
nat people can suf-
ationships between
gnosed with ADHD,
osis (psychologists
o what I suffered,
ress related prob-
lable), depression,
crastination, short
hat seemed like a
s not).

event that you can
able to put it out of

your mind. It is your definition (what you think it is). These are also ADD problems.

I am very grateful to my friend George Bissett, who helped me figure out what I had to do in order to control my emotions and behavior and learn how to calm down before I could actually figure out what I had to do to get better (Workshop). If we have problems or memories we cannot fix, we all too often tend to self-medicate with booze, drugs, sex, food, etc.

There are some ideas further into the book which can help you to better deal with your issues such as diet, supplements and exercise. There is also mention of foods or food products to avoid. I didn't explain that certain stimulants, such as coffee and energy drinks, are not good for us for if we are hyper-active, we will become more hyper. Many people believe hyper-active means we will be bouncing off walls, this is not totally true. We may be bouncing off the walls inside our heads. This also applies to many drugs both prescription and street drugs. I have heard many times that "marijuana helps me relax", maybe so, but it is addicting and, like many drugs, we become addicted. Now we have to deal with ADD and addictions.

I'd love to give you all the answers to curing ADD but I don't know if there is an actual cure. We teach methods to cope, manage and deal with ADD. ADD can be much more than a problem, it can be your greatest resource; it certainly became mine after I learned to use it to my advantage instead of a disadvantage. If you, or someone close to you, has ADD and has had it for twenty years, it will take some time to change. There is no magic pill where you can be instantly cured. If you are looking for ways to work with your kids, see my resources list or look up Barbara Coloroso, Kids are Worth It (several printings, it's timeless) and others. She is a genius in offering ways to work with kids which also works with adults. It helped me in helping raise my kids and I've used some principles of it for employees. This book and many others are part of what we need to help us educate ourselves into our problem and, if you got it, there is a good chance your kids will have it.

The depth of your disorder is somewhat of a difficult question and I believe we have to do a self examination to decide solutions as there are seven types of this and we can have many. The Amen Clinics offer some free testing and also more in depth testing and solutions. I offer methods of helping and controlling the thinking and behavior to a degree. If there is already a problem with a painful past, then I would suggest our workbook under the same name. It is a difficult path to walk, but you probably already understand or are used to a difficult life. The workbook will help you with coping, managing and dealing with your challenges. We also dedicate a part to creating a future plan if you could overcome these challenges to get you out of the rut you are in.

I am also grateful to Daniel Amen (a genius) of Amen Clinics, which is where I learned that ADD was my problem, not the addictions I had. The addictions came as a result of self-medicating in trying to cope with some of the symptoms of ADD and PTSD. At the clinic, I learned many ways of improving my brain through supplements, diet, and techniques to change.

I have taken, and continue to take, training in Neuro Linguistic Programming (NLP) as I had been big on reading about it approximately thirty years ago. I started to practice some of the skills and found that I could do amazing things in coaching people how to see their world differently. I took more programs on healing PTSD by another genius, Steve Andreas (one of the originators of NLP).

As I started to learn more about these three people and their different fields, I started to practice their beliefs, individually at first, and then began noticing that anybody I was working with seemed to have a common thread whether it was ADD, PTSD, Stress Problems, Addiction issues, etc., they all seemed to have ADD. I began using a combination of techniques from all three of these geniuses to help people recover from these various problems, and it has been working extremely well.

1

WHAT IS ADD?

"ADD people are high-energy and incredibly good brain-stormers. They will often happily work 12 to 15 hours by choice. The business community should not fear ADD. Instead, they should see that they have a potential gold mine here."

~ Dr. Kathleen Nadeau, a psychologist who has ADD herself

I want to give you a little background on what ADD looks like in people, so you can better understand how this will impact people when life problems occur. Let's look at the simplistic model first. Daniel Amen first described someone showing some early signs that can alert us to future problems:

Short Attention Span is when we have problems in school or work when it is difficult to stay focused on instructions or what we have to do. If we miss part of the instruction, how on earth can we do the job or homework properly?

Distractibility is the notion that we can easily be taken off track to look around to see distractions or hear noises that are more stimulating than the topic in front of us. Some make jokes about squirrels, or others about bees and lots of them.

Disorganization is the state of your room, locker, desk, or your workspace. If it troubles others or you can't find something that you know is there, somewhere you might qualify for this.

Procrastination is when you put things off because you just don't feel like doing it at the time. It may be easy but boring, or it could be hard or maybe, you just don't feel like doing it right now. Something like taking out the garbage, I'm busy doing anything but that.

Saying or doing things without thinking them through. This is hard, but I have hurt a few people's feelings at times because what I thought was funny didn't seem to be from their perspective. I know I wouldn't like to admit I have done something stupid (is that lying?) and could lying fit here? If I had even stopped to think for just a second, I might not have done it.

These are all symptoms or early warning signs of ADD /ADHD, and if left untreated, or improperly treated, they could lead to more problems. Some also believe that ADD is a children's problem, and we outgrow it as adults, I didn't. ADD contributes to school problems and marital or relationship problems (some say about 50%). I know I failed at three, one living together and two marriages, before I realized I was the problem. It can also lead to workplace problems and many more areas. It's not just about misbehaving or wanting to cause problems, it's about some serious imbalances that cannot be controlled by the person.

The hyperactivity associated with ADD (ADHD) is sometimes missed as we expect these people to be very active and sometimes bouncing off the walls, and many times they do. But they may also be bouncing off the walls inside their heads... and we never see it, but we live it.

They are blaming each other for your ADD, looks like neither of them wants you...

We can mistake signs of ADD for improper diets largely consisting of sugar or high starchy carbohydrates, which can create bizarre behavior in anyone. But in an ADD person, things can become greatly magnified - and you might see a crash afterwards or even sadness (depression), forget about trying to learn or perform a task. Poorly thought-out diets can accentuate these problems, while planned diets with protein and supplements can help sufferers to better control their little or big brains but they are easier on us. Later, I'll talk of foods that can help us to control thoughts and behavior, especially if we are ADD.

This might be an example of an ADHD kid. I was in grade one on my third day. I sat in the very front row. My teacher continually put her hands on my desk and would stand there lecturing us. I swear she spent more time there than at the chalkboard. We also had a dispute because I thought my name was Robert and put it on my papers as my name. She decided to challenge someone, so she said, "I don't have a paper to give you, but there is one with Robert's name on it. I don't know who he is." I said that my name was Robert. She said, "No it's not, you are Bobby." I felt somewhat humiliated but I was only six and somewhat unimportant. The next day, I was at school a little early and smeared a whole bottle of glue on the front ledge of my desk. Sure enough, a short time later, she put her both her hands on my desk. Sure, I was punished but didn't feel that bad, and others laughed. The point is we are resourceful and can be creative when pushed, perhaps because our brains can be a little over active when we are motivated – or even during those times when we're not.

Another thing to keep in mind is that ADD can be caused by a head injury or a whiplash injury from vehicle accidents or extreme sports (soccer ball off the head, being tackled, puck to the head), or a fall off a bike or fence, etc. They all look similar or the same. If we look at the many athletes who are able to function well and play their sports very well due to their training and conditioning, we might wonder why some of them have been able to harness the power of an extremely fast (ADD) brain. Do some of these guys/girls have substance abuse, sex abuse, or family problems?

There have been many studies over the years – see the Archives of General Psychiatry – linking ADD / ADHD to addiction issues. Some might question whether ADD sufferers seek relief from depression, anxiety, inability to learn or complete tasks, or just not living up to parents' or schools' expectations. It is just a problem of not knowing how to cope with or manage this sort of an idea that we may start drinking or drugging at an early age to self-medicate. Some also suggest that these are only a graduation from video games, which have lost their ability to keep our attention any more, and like most addictions, we need something that offers a little more calmness. What a foolish idea, that of a violent game that calms down our brain or keeps our attention.

However, if we look at human lives in general, we will see that those problems are struggled with by many of us. I believe that we turn to substances or sex-related solutions as they provide some type of relief. It may be temporary, but it is still relief. Sometimes, the temporary relief might be taken too far and turn into full blown addiction, but we don't always think about the long term as many of us are not geared up to think beyond the stresses we are experiencing, and we lose track of where we are trying to go in life. Besides, it's just a little bit of relief and just for right now. These drugs and activities stimulate the reward center of the brain to release dopamine, bringing more temporary relief.

Another good source of a little dopamine is starting a fight with siblings, our kids, a spouse, or parents. Some may look at it as attention getting, but it may also be a source creating a confrontational or chaotic situation which may produce a little or a lot of dopamine to provide a naturally produced drug to help one cope with the problems occurring in one's head. Acting negatively is another form of gaining some stimulant which progresses into depression and also being oppositional. This is also seen in the workplace, just another coping device. No wonder ADD kids and addicts hang together; nobody else wants us. We can be negative together, not to just discuss the weather, but we can enjoy a nice little uplifting negative discussion by being critical of someone else or something they may have done.

The easy availability of video games, high impact TV shows, sports viewing and participation, when used obsessively, can result in our brains creating the chemicals we need to obtain relief. We claim that we just need our downtime, or a break from studying, but what we really need is our "fix" or we become grumpy or miserable – which is similar to a drug addict craving their drug (depression). Parents can certainly argue, "I need some peace and quiet and it's the only chance I get is when the kids are sitting quietly playing video games or watching Breaking Bad." The biggest problem is that once our pleasure center can no longer produce the natural chemicals we need to experience or enjoy life, we need a new source for pleasure.

Many of us didn't come with manuals or receive training or information from our parents or schools to help us cope with or manage our ADD /ADHD. So being the bright people we are, we look for ways to cope – and some of those ways prove to be damaging. Many of us had these problems and became parents ourselves. We then struggled throughout our lives with compensating behaviors and managed to survive somehow. So the questions arise. *Do we still have problems and what about our kids, because if we had it, they probably will as well? Does life or behavior change because we wish it to be?* We only have to look and see if there is conflict in our household or our lives. *Do you have road rage, old resentments, or even stuff a week old, anxiety when we worry about what is going to happen tomorrow, some days, you just want to curl up and stay in bed and not go to work (depression)? Need that one drink just to take the edge off?*

Many doctors tend to treat ADD with medications, and many of us tend to treat ADD with illegal drugs or other forms of relief replacements – such as booze, video games, aggressive sports, sex, porn, etc. What is the difference, as they all provide only temporary relief, but no cure – just possibly addiction? We don't learn how to cope this way, instead we just continue down a path towards addiction. Drugs in any form can provide a temporary platform to enable us to learn how to cope, manage, or deal with our problems, and then figure how to get off the substance before we become really hooked. But do we learn how to cope, manage, or deal with our ADD / ADHD? Apparently not.

Just a few words about porn. This is new modern multi-billion dollar business that is highly addicting as it produces a lot of stimulants within your brain to again help us cope with problems within our relationships, problems in the workplace, or in school. There are a lot of free sites which helps get you addicted, and you might buy a subscription which gets a lot more hardcore. This produces dopamine in your brain, which again creates a need for more and again dulls your brain to natural stimulation, so you seek more porn or stimulation to satisfy a need sexually, but this is arousal for the reason of porn not your mate. Some people may even develop a need to seek more and more porn. You don't even need to leave the house for this one, but it gets progressively stronger for a more powerful stimulant. Read up on addiction for this answer. How much work (homework) or family time will this cost in terms of productivity and dysfunctional relationships? Would you want your mate having relations with you after being aroused by someone else's pictures or videos? I guess that would depend on your values.

What are the long-term effects of untreated ADD (see seven types of ADD below) and addictive behavior? All are very similar in nature, as they both cause long-term brain damage, which further impairs our ability to learn, cope in the world, or even deal with or manage our problems. If ADD sufferers don't get help, they will find ways to cope, which may lead to serious problems and further impair their ability to learn, cope in the world, or even deal with or manage their problems. Our ADD brains also become targets for Alzheimer's.

There are seven types of ADD as defined by Daniel Amen in, "Healing ADD":

Type 1 - Classic ADD – Inattentive, distractible, disorganized, hyperactive, restless, and impulsive.

Type 2 – Inattentive ADD – Easily distracted with low attention span, but not hyperactive, instead appears sluggish or apathetic.

Type 3 – Over-focused ADD – Excessive worrying, argumentative, and compulsive: often gets locked in a spiral of negative thoughts.

Type 4 – Temporal Lobe ADD – Quick temper and rage, periods of panic and fear, mildly paranoid.

Type 5 - Limbic ADD – Moodiness, low energy. Socially isolated, chronic low-grade depression, and frequent feelings of hopelessness.

Type 6 - Ring of Fire ADD – Angry, aggressive, sensitive to noise, light, clothes and touch; often inflexible, experiencing periods of mean unpredictable behavior, and grandiose thinking. Possibility of Bi-Polar Disorder.

Type 7 – Anxious ADD – Anxious, tense, nervous, predicts the worst, gets anxious with timed tests, social anxiety, and often has physical stress symptoms such as headaches and gastrointestinal symptoms, and conflict avoidance.

Unfortunately, many doctors treat ADD as though it only needs Ritalin or Concerta, and one of these symptoms may respond to this type of blanket drug coverage, but with more than one type of ADD involved other problems may arise which can be in direct conflict with trying to use blanket types of coverage. That could be like trying to treat a headache by shining your shoes, some could say, it might work. Also, sometimes a diagnosis such as Bi-Polar arises within the ADD family, which requires a different treatment.

It has been said that ADD is misdiagnosed by General Practitioner doctors six out of ten times. I needed to do something more to help my son with ADD, and we decided to go to the Amen Clinics (http://www.amenclinics.com/) in the U.S. We needed a referral from our doctor. The doctor provided it, but said that my son just needed to work harder even though he had been clinically tested and diagnosed as having ADD. The doctor also provided a prescription for Ritalin. My son went to summer school throughout high school because he struggled so much with ADD issues. Apparently, I didn't have it, as it was only a self-diagnosis up until I went to the clinic.

Here is what it looked like to me:

During the cadet program run as an after dinner program, as well as some of the kids groups I would work with at times, I found many kids from differing age level have an inability to pay attention or behave in an environment conducive to learning or staying out of trouble. This was true whether for a church program or a structured cadet program. At times, questioning revealed a lack of dinner or sometimes cereal which was sugar based, or many times pasta without meat or protein. This would be made obvious through the evening by poor behavior, no focus, or kids just doing what they wanted. Timeouts or removal from classes provided no change.

During my tenure in the cadet program (cadets are 12-18 years), I began suggesting to kids to eat and if there was no food available at home to eat peanut butter (protein), preferably with a banana or fruit (complex carbohydrates) but not white bread (carbohydrates) which are part of the starches which turn to sugar when ingested and affect behavior in a bad way. Many families also provide lots of pasta from a box which may fill up the kids, but provide unwelcome behavioral problems. If speaking to parents, I might be reminded that what was fed to their kids was none of my business. I stuck to it trying to influence the kids and what they ate. This wasn't working twenty percent of the time. So I adapted and brought almonds, and began picking out kids whom I noticed were fidgety on arrival, I would provide about eight to ten almonds to each of these kids whom I would question about eating or eating nothing, or pasta or pasta from a box. All took the almonds and ate them, some at times grumbled and the odd discussion ensued, but it made a difference. I would also pay attention during the beginning, as some would originally pass the first scrutiny, but would have challenges focusing or paying attention in classes. My first solution was almonds and given time, twenty minutes to half an hour, this solution seemed to work. The bigger challenge was always the kids who had pasta or toast with butter or margarine, hamburgers, and french fries, who were already bouncing off the walls. The carbohydrates are easily ingested and convert to sugar in the body, and now you have more problems. Some of the bigger challenges were the kids who were taking Ritalin or Concerta or Prozac. These kids appeared like zombies or even sometimes uncontrollable, which may sometimes reflect the prescribing of the wrong medications.

2

WHERE IS THE LINK TO PTSD, ETC?

> *"There are many positives with ADD, including a surplus of ideas, creativity, excitement, and interest which accompany this kind of mind."*
>
> ~ Sari Solden.

Let's look at the world today, and see what's going on as far as people getting into trouble. Bringing it closer to home, ever seen road rage, drinking or drugging, or family problems?

These problems may arise from simple ADD which has been ignored as a problem, or when we haven't been aware that we had such a problem and just learned how to cope by funneling our strengths into sports or hobbies and not doing great in school. We showed the world that we were good at stuff too. Some of us didn't have these qualities, so we learned to cope by drinking or drugging and sort of kept those habits all our lives. Maybe that stuff didn't work all of our lives, but it must have worked at least at one time for us to keep doing it all our lives. Some of us were able to function well at work, as we could become workaholics and devote ourselves to work. That way, we could minimize our time spent with friends and family. We were just too busy. I am a good family man as I am out there working to support you guys.

We suffer most of our lives with depression and anxiety, and inevitably learn poor coping skills at early ages. Unfortunately, due to these coping skills, we become somewhat emotionally stuck at whatever age we adapt to these addictive behaviors. I also know people who have begun drinking as young as eight years old, but who were raised in perfectly normal homes. If any of us were abused in some form or another, whether at home or school by parents, siblings, school mates, or teachers, we were unable to cope with the emotional effects of this abuse, and we became stuck. If the magnitude of these incidents becomes something that we cannot cope with or endure, we can suffer Post Traumatic Stress Disorder. The way I have found this to be significant is that at this point many incidents which happen to us from this date forward become somewhat stacked on top of the last incident. If we were unable to deal with the last incident, we will be unlikely to deal with the next one or any of the following incidents. We have become emotionally stuck at the point of the very first incident in our lives. Now what happens is these incidents continue to stack on top of the last one and become inter-twined with each other. The difficulty becomes when at some point during our life we begin to bury any of these or many of these incidents, especially if they were particularly horrible. Our behavior becomes sort of crazy without anyone being able to diagnose, let alone correct, the problems. This is a good time to increase your meds to control your symptoms, because who knows what the problem is now?

Many of us ADDers get depression with our ADD problem. We might also get bi-polar disorder as well. I believe the sadness comes from our inability to let go of our old painful memories. It's some of the learned things that we can cling to. I actually believe that we have trouble learning sometimes because our brain is quite occupied remembering these painful vivid memories which others might use to learn important things. These memories have been integrated into our brains because they are visual and colorful, we hear all the conversations whether screaming or threatening, the kinesthetic part especially if we are physically or sexually abused. If you pee your pants, you have a total experience that will be imbedded into your memory forever.

Because we are small, and mostly cannot fight back for fear of reprisal, our only payback might be the ability to get even by holding a grudge sometimes long after this villain has died or even visualizing some form of revenge. We are small, but we can catch on to things such as payback and keep it internal. So we did learn something: how to hang onto old memories and revenge. Unfortunately, we don't get to carry out that revenge part very often and live in frustration because of unfulfilled resentments. The very unfortunate part of this depression thing is that sometimes we can have so much of it and it can linger so long and at times so deeply that we aren't even aware of it that we might take our own lives.

So let's add some counseling onto this. Now we have to live this over and over until the counselor believes that we have become conditioned to finally accepting this hurt because it doesn't bother us anymore. That has to be the biggest crock of shit I have ever heard of. I lived this luckily for only four years after the start of counseling, and the many years previous to counseling. But I know of people who have been going to counseling forever, and still feel the pain over and over. The good news is that even if you are in recovery program such as AA, counselors or psychiatrists can arrange a prescription for you for something to reduce depression or anxiety. When I was in counseling and attending AA at this counselor's suggestion, I was offered anti-depressants. I am just guessing these types of medications are not addicting or mood modifiers which interfere with your recovery. Maybe you will only get placebos, and struggle through like the rest of us trying to be free of addiction and dependency, but it is not likely.

You watch that side and I'll watch this side. Wake me if someone comes.

A lot of people who suffer from some of the effects of ADD are drawn to types of employment where they can get some of the natural types of highs to make their brains feel better and have appropriately exciting employment. What I am saying is that we seek or we are predisposed to these types of employment, these are life and death decisions, it doesn't get much better than this, does it?

One of the challenges of these careers is we have to learn how to react to different scenarios with appropriate responses. We spend much time being indoctrinated in this new and different profession. We learn how to wear a uniform, develop a fitness program to change your body shape, change your hairdo, or learn how to be a soldier (discipline, history, teamwork, your buddy is everything). How to shoot at a target that pops up without discerning friend from foe. Some might call this hyper-vigilance training other might call it, learn how to have anxiety. Similar to police training except police are trained to pause before shooting the pop up target in case it is the woman carrying a child. When I went through police college, I had a problem shooting all pop ups as I was trained to react quicker without thinking. Still the police training was reactive in the sense of all calls you attend to are going to require a reactive response from you. Would this training increase your level of hyper-vigilance or again anxiety training? So when we leave these professions, what happens to our hyper-vigilance training, do we forget or take our training with us as no one un-trains us? Some might liken this to brainwashing.

At times, we see veterans of the military, police, nurses, or other first responders who have seen or been involved in a particular gruesome or catastrophic event become unable to shake off this last scenario from their mind or memory. I would hazard a guess that this is when they have reached their breaking point, they have become overloaded with so much terrible memories over the years, and this has become the push over the edge. We also have to keep in mind the subculture involved which doesn't allow for these professionals to show weakness anywhere near their peers.

I see the parallels with people with addiction; they have become overloaded at some point and resorted to drinking, drugging, etc. However, I have come to the conclusion that their experiences have become intertwined together and manifest as depression and anxiety plus whatever was there before. The problem with soldiers and police is that their professions have made them hyper-vigilant in order to survive, and going back to normal life has left them with extreme anxiety.

Because this sounds so simple, let's add some other problems which commonly appear. Many times, I have seen people without goals. For them, it has become a question of survival just to get through the day. They have no idea what their future looks like, not even tomorrow. This makes them predisposed to not really caring about what they do in various circumstances. If there is no future, it's all about today, getting through the now, and staying straight right now. How on earth can you ever get better unless you focus on how good tomorrow could be if you got better?

Not done, we also have to look at what this kind of lack of future will do to your values. We live in a state of paranoia (extreme anxiety), and we are trying to exist, we are self-medicating probably on top of whatever our doctor gives us for stress and now we are having some new problems from meds conflicting with booze or recreational drugs. Funny how they don't mix and cause more twisted thinking. But we don't get it; we are still just trying to survive. Who can possibly consider values such as fidelity when you are half stoned, let's throw sex into the mix, who knew this also offers a soothing effect and if you are a little crazier, one might even think this is a little bit of intimacy that I would like because I got screwed up as a kid and don't know intimacy? So a good one to accompany fidelity is lying, because your spouse isn't going to appreciate the truth in this. At the same time, you also lied to your kids by spending their time with another woman. Some of your friends may be real buddies in your mind and may be great in your workplace, but will they pass the test as upstanding citizens? I was a policeman for several years, and my ex-wife used to say if she were in trouble, she would not call the police, they might be worse than the criminal trying to victimize her. I wonder if she wondered if they were upstanding citizens? She was also an ER nurse, and she would see them first hand in work situations, which at times wasn't pleasant. This could get to be a long discussion, but I think that you are getting the idea of how values can change after we get overloaded with a problem spouse (not her but me). When you are fighting for survival that is first and foremost in your brain, and it is hard to come back to normal. We like adrenalin and replacements for it. Whether you are a street cop or soldier, how many non-hostiles do you get to deal with in a day, or how many with values intact? Whether on a mission or handing out a speeding ticket, how many people are happy to see you? Simple questions like what does my life mean and why am I here are not relevant at this time.

I want to make another point about the use of any form of drugs, alcohol, or whatever method of mind altering a person may use (sex, drugs, and rock and roll). A few of these may even be considered recreation, and some even non-addicting. It has been said that a simple narcotic such as marijuana is not addicting (wake up, it's a narcotic). If you give this to a person who has addictive or obsessive behavior and it works to alter their mood, guess what, they will keep using it. If you have to use something to modify your mood or escape emotional pain, you probably aren't satisfied with your life the way it is now. Now if you get grumpy (depressed) when you stop, there may be a problem. Same as any other drug or booze. What the heck, another illusion about passing some time shattered. Here in Canada, our federal leader of the opposition wants to legalize the use of marijuana as though it is not a narcotic that is highly addicting. We don't have enough problems now. I guess, he never heard it is a gateway drug. Unlike the rest of us who maybe prone to addiction, he is not. Some of us would be considered in denial if we couldn't stop using but a politician would never deny anything.

Many of these mood modifiers are also central nervous system depressants (alcohol for sure), which means that it lowers your inhibitions (values) and your values will change permanently over time. You might be willing to do something you might otherwise not do, maybe reluctantly at first, and then it becomes easier. Like if you don't use cocaine, you might be a little less critical of someone who uses it if you are drunk or high. This becomes a slippery slope, because if you think you are having fun stepping outside your normal boundaries, it will be fun but you have now lessened your commitment to the values you may have been raised with to fit into normal society. If you come from a screwed up family to begin with, you are going to need a little more of what anybody else might need. I wonder if watching pornography several hours a week or more will affect my values? Many people would argue that seeing women or men in a continual sexual role may lead to a misogynist (mistrust) type of belief about them.

The order in which these events can occur certainly change. I was working with a policeman who had been in an ambush situation, and felt that the situation had given him PTSD. He was on some meds for depression and anxiety, and couldn't sleep. We were able to determine that although this was stressful, this was not the cause of his PTSD. We looked at an ex-wife who was unfaithful and used drugs and wasn't a great mother for their kids. This was stressful, but was not the problem. He was obsessed about repairing the situation, and repairing her problems. We looked at another ex-wife, similar problems, but not the answer. We looked at several issues during his work life, teen years, and childhood. The issues were many, and certainly causes of depression and anxiety. He suffered abandonment issues at about two years of age, bullying in school because of weight issues, and friendships going bad. Basically a horrible past, but no real root cause. As we kept going through these issues, we determined that these problems were the cause of his depression and anxiety, and we were able to release all of these emotional stuck points from his memories. It was only under hypnosis that I was able to find an incident that occurred when he was nine years of age. He was abused, and subjected to some horrific trauma that he had completely blocked out of his mind. This was the release point of PTSD, but had also been the stuck point and everything afterwards stacked on top of it. He didn't have coping skills to get past this point due to the early events of his life. He no longer uses any meds, and has forgiven both ex-wives and the parties involved in his past. He carried this burden for twenty-two years without knowing or understanding it. He appears well adjusted now. He had been tested by another agency and found to be ADHD, a variety of types, with co-dependency and control issues. He was devastated by the revelation of ADD, but later came to realize the benefits of it. Co-dependency and control issues also needed to be sorted out.

I was at a hockey tournament when I was asked to meet with one of the players who had broken down in tears (someone recognized me for what I do). I was able to determine that the player had lost an addicted sibling to suicide and was unable to let go of the whole scenario in his mind. I was able to help this person to calm down for the time being, and be taught a quickly engaging relaxation technique. Sometime later at the office, I was able to provide some tools for coping with anxiety and depression and turn the suicide into an acceptable normal grief situation. There were also some issues of co-dependency and control issues with the family. There was ADD of different types involved here.

I worked with a man who had some stress issues, but wouldn't tell prior to us meeting. When he arrived at the office, he stayed outside and almost didn't come in. He also wanted to change his mind about coming the day before. He had depression, anxiety, and marital problems in the past. We were able to resolve these problems. He finally told me that a priest had sexually abused him fifty years ago. The priest had used many means to keep control over this boy. He had been fourteen at the time. He had said that he was a wreck, and he didn't know if he could tell anyone at the time, as he was led to assume that no one would believe him anyway. And whatever other forms of coercion were used on him. This abuse had lasted for some time, and the results were feelings of guilt, depression, shame, fear of this being held against him, fear of intimacy, and fear of being touched by his first wife. He was the victim, but felt that he was some sort of participant even though he had ended the relationship. He had lived his life in these conditions, but the memories had only started coming back in the last three or four years, this was PTSD caused over a long period of time, which caused problems throughout life, but the incident stayed hidden. Symptoms of ADD appeared in school but it was hard to determine when it started, as his childhood was pretty vague (blocked out by PTSD). He also showed signs of co-dependency.

My story is similar, with a painful past, but when diagnosed with ADD at a specialist clinic (Amen Clinics) in the U.S.A., I initially thought that was my problem and that I was making progress, but the counselor took holidays. I ended up seeing an alcoholism counselor who convinced me I was an alcoholic because I had all the symptoms of an alcoholic. Sure, I had been a drinker, but not a serious one, for about thirty years. I learned that drinking had helped my problem; it had been my solution long ago. I had been practicing a new obsessive behavior for a few years, work. I got involved with Alcoholics Anonymous (AA), but I wanted to get better. I didn't want to be an alcoholic forever. I have always had goals. I wanted to get better, and not have signs of a precarious type of sobriety with control and codependency issues. Maybe sobriety is precarious, and I'll always have the ability to make the decision of whether I want to have a drink or not but I want the choice, and also not to live in fear that I may drink again.

If you put a bunch of alcoholics in a room, you would find

that they have very similar problems such as being grumpy (depression at times), resentments, anger, anxiety, brain races, short attention span (doesn't listen or pay attention), holding grudges sometimes for years, negative thoughts, poor control over money, procrastinating, many are disorganized, forgetting important dates such as birthdays, problems in school, etc. If you put a bunch of ADD people or kids in a room, you might find very similar problems. Look at the list of ADD types back near the beginning of this book, and you might be surprised. Why do drunks hang around together? Probably the same reason that ADD kids do in school, they finally found a place where they fit in. They also learn that there are ways to cope such as arcades, booze, and drugs. The difference is that we may be born with ADD but not with control and co-dependency. We learn these.

The more that I went to counseling, the more bitter I seemed to get after reliving some of my childhood experiences over and over and doing workbooks. I got to relive the pain I experienced many times over. Was I getting better? Would you?

"Sometimes, if the experience is very traumatic and a person becomes amnesiac, she falls into the hands of a therapist who insists she should remember every detail. This is nonsense: people's unconscious minds are very protective; sometimes they make us amnesiac for a very good reason. The events that happened are just too terrible to have to recall." Richard Bandler's Guide to Trans-Formation Page 98. Richard is a co-founder of Neuro Linguistic Programming, which has changed the way to help people actually recover from serious painful memories, and behaviors which can arise from them.

My friend, George, hooked me up with someone who showed me how to eliminate these painful childhood memories from my life, how to focus on my future, and how to begin rebuilding and redeveloping my self-esteem. I did this for about nine months, and George taught me through one of his workshops how to change my moods immediately from anxious, depressed, and angry (road rage) to calm. Now I have shifted into high gear, and began correcting different types of behavior as I became aware of them. I like to think that GOD gave me a brain to use to fix myself and not to bother him every four minutes because I can't make it through traffic. He has got bigger problems in the world than trying to help me stop being annoyed by traffic. If I can calm down, I can use the full capacity of my brain to help me resolve my issues instead of just a portion of it when I am stressed. My method is to practice changing your mood often enough and it will become a habit, which will start to kick in automatically.

I don't drink at all anymore, as I don't want to. I learned how to have fun without it. I still go out with other friends who drink, but after I hear the same joke twice from the same person, it's time to go. There has to be more than that for me. I am motivated by goals and results of what I want. I like my life and the way it is, and I want to keep it.

Some say when you write a book you have artistic license. So, here goes, something I have been noticing about most of the people I have been seeing is that many have auto immune problems such as Colitis, Crone's or Irritable Bowel Syndromes, Ulcers, and other stomach disorders. I request medical information (prescription and recreational drugs usage), and family history when I start with a new client. It gives me a thorough picture of the person that I am looking at or working with. I have heard at times that these problems are stress-related diseases, but I'll leave that for doctors to diagnose. I also have colitis, but it is well managed more so since I have been able to turn my life around. I'm just saying, maybe this is something to consider. I have heard such gossip that there is also a link with heart attacks. The scary one is the one I heard about Alzheimer's somehow finding us ADD people and targeting us because our brains are already at risk or diminished from suffering much of our life with untreated depression, anxiety, or substance abuse. I am scared for the rednecks who keep pounding booze and drugs back until the bitter end, will they get better?

Here is where I take a little more of this artistic license. From what I know of myself and my struggles with life and the people I have met in policing or soldiering, and the many hundreds of kids that I have worked with over the years, I have seen many similar patterns. If you have ADD and you don't do anything about it, you become a target for stress-related problems including PTSD and, later in life, Alzheimer's, plus many will struggle with life.

3

THE PEOPLE WE ARE DRAWN TOWARDS

> *"I prefer to distinguish ADD as attention abundance disorder. Everything is just so interesting . . . remarkably at the same time."*
>
> ~ Frank Coppola

Here is a big shock to our system, who do we hang around with? People who are very much like us. I never much went for rocket scientists or astronauts or even football or hockey players. I like what they do, but they have never invited me into their inner circles. We hang around people much like ourselves. If you are a welder, you might hang with other welders, and it is the same with electricians. If you are a drunk and hang around bars, who are you likely to meet there? If you are a cop, most of your buddies will be cops, if you are an ex-cop then your buddies will be ex-cops, they don't generally mix socially. When I left (honorably), they forgot me quickly. Take a look, who are your friends and what do they do or where did you meet them and what do you do together?

Unfortunately, we can get into these kinds of cliques which sit around and criticize what agencies are doing or not doing for us, how bad is the weather or football or hockey teams. Getting together with like-minded people can be enjoyable, and we have lots to talk about, but where will this take us? If you are going nowhere, then you are there. Venturing your opinion as to how to fix your world or the rest of it or your buddy falls on deaf ears for the most part. How many people actually take advice from others? If you are letting other people hold you back, you may have forgotten the first rule of leadership. It's like the airplane briefing. If the mask drops down, put your mask on first, and then help the other person. If you run out of oxygen while trying to help someone else, then you are both screwed. Get yourself together first, then you might be of some value to yourself and others.

I understand the term co-dependency and the implications, but what the heck does it mean? I do find a lot of co-dependency issues as well, whether the person is co-dependent or the controlling person, drinker or drug addict, this is another problem which requires a change in the way we think. Many people consider this a simple problem, but when we take a deeper look, we see that this is a form of addictive behavior as well. This one takes us back as far as we remember and further. I see that the start is when we are being raised, and it is fine when we are small and need to be instructed on most everything. But as we grow and tendencies for parents to continue telling us what to do and how to do it and when we don't do it the exact way we are told, we are now bombarded with dramatic corrections, emotional or physical abuse, and someone else may finish the task as we are not capable. We walk away further damaged by the insecurity of being unable to complete a task. One only has to take a few emotional hits like this as a kid to damage our self-esteem for later in life. As a result of role models such as this in our life, guess how we learn to act, as we get older? We can be helpless and always need someone similar to this type of parent forever, and we get to become this type of parent perpetuating this cycle on our children. The beauty of co-dependence is that we usually follow our parents, and co-dependents work in pairs. One is co-dependent, and the other is the one who abuses substances. From this, we learn the behaviors, and they usually follow sexual orientation, boys follow dads, and girls follow moms. This rule is not cast in stone, but it has a good chance of survival.

I believe that many of us come from similar types of situations, whether family types of dependency or misunderstood school or playground situations. Many times, we grow and learn to adapt, but we at times are seen as outcasts as we don't always fit in. Various schools of thought exist about it once we start into puberty. There are the cool kids who seem to be on a different plain comprised of jocks and cheerleaders. Some of these seem to be airheads and some may even have ADD or ADD brought on by blows to the head through sports, but they are readily accepted, for that is what we do in our culture. We like success at early ages and relish in it. The studious kids are sort of outcasts, except the ones who are able to excel at school and sports. The middle of the road kids who are neither cool nor outcasts seem to have their own clique. The ones who don't fit at all are the ones who don't fit anywhere. They have become outcasts because many of them struggle with school, and relationships with others, and more or less keep to themselves. Things are probably better today than yesterday. Yesterday, the teachers made it a point to correct you publicly in front of classmates, which actually made you feel stupid and, of course, the other kids would figure that out and some may have begun to tease or torment you, all in good natured fun, especially from the good natured jocks and cheerleaders who were so superior, and you needed to know that also in front of others. Today, if the teacher spends a lot of time with you trying to help you through the challenges of struggling with learning, I am sure the others don't notice and torment other kids nowadays. This is always the special education kids, which are always treated normally by everyone. The problem becomes that the kids who struggle always seem to know who the others are that struggle. Somehow, they drift together and try to keep a low profile and hang around. This group can comprise all kids who struggle. They have sort of given up trying to fit in, and become somewhat rebellious. They don't do their homework or participate in sports. Some become discipline problems like exhibiting oppositional behavior, they might have smoking issues and just not cigarettes, maybe drink when opportunities present, maybe become gothic dressers. The similarity is that they find they have much in common. They already have the stigma of not fitting in, and they may have issues at home as they have been raised in chemically abusive environment, or suffered abuse of one form or another. It's almost as though they speak the same language, they have so many similar problems, and they relate very well. Many of these kids will do anything to fit in somewhere, and here is the link up. They quickly learn coping skills to better handle their misunderstood world such as drugs, booze, and sex, or stealing for the extra dopamine high. Nobody seems to care; they are left to cope and human nature takes over, and cope they do.

The next phase of this story takes us to high school which many ADD kids (recall I mentioned the relationship between addiction and ADD) drop out of, fewer also stay but struggle as prescription drugs do work sometimes on some. We start at mate selection on a more serious note, but guess what sort of people are drawn together, the ones we can relate to and guess what coping skills they have to help them through life? Unfortunately, with or without high school, will these guys get the best jobs? The process is more set in stone at this point, the uneducated stick together, the ones with drug or alcohol issues stick together, and these are still usually the same groups. Unfortunately, whether a baby occurs or not, the relationship is doomed by about a fifty percent margin of failure. Life just continues as before, drinkers and those who believe that if I could just get my sweetie to stop drinking, we could be happy. The battered wife whose spouse probably drinks and beats her says the same. If only I could be a better wife, he might stop beating me. We bring our baggage to these relationships, it's whatever we saw our parents doing, and we will probably do the same. We just put on a good show at the beginning, and impress those who don't really know us and then the Jekyll and Hyde story becomes apparent. Can't hold a job or relationship, it started in our minds long before this, we saw and learned, and if we had untreated ADD we were so screwed.

Here is an example. I know a kid who has his own bedroom and bathroom in his house. One day he phoned his mom and said, he was having some friends over after school. Would she tidy up his room and clean his bathroom, as there were some poop stains in his toilet. I guess he knew about them but did nothing. She did this, as they were both concerned as to what people might think or worse, say something to other people. If this were the only issue, maybe we could understand, but do you really think so?

It is great to be helpful, but has this seventeen year old got coping skills as far as looking after his own issues and being able to make proper decisions of how to clean up after himself? When he looks for a wife, will he need someone to babysit him or be an equal in a relationship? Some call this spoiled, but is it co-dependency coupled with anxiety? The anxiety comes from worrying about what people may think or what they might see (fear of the future).

I want to step outside of ADD to look at some of the issues we pick up with our addictive behavior. We can squeeze some control issues in here, and this seems like a good place as we are talking a little into the area of ALANON or AA. Control seems to affect us mostly for an out of control type of behavior. When we can't get people to behave in the manner that we need them to behave, we get crazy. This can be in the form of road rage, because those drivers who drive giant trucks squeeze into a spot big enough for a small car or less in front of me, I have to brake, sometimes hard, but not usually to stop from hitting them. I have to overdo it a bit with some drama by braking really hard. Now they have made me angry, and I have to chase them down, and possibly give them some hand gestures -- possibly only using one finger, or worse, following them so I can practice my stalking skills. Now somebody has taken over my body and mind by making me mad as though I am unable to control myself my own level of being mad. Pick anything that someone does or can do that will annoy you.

I was working with a client, and we had both been eating some raw carrots in the office she decided to stop, but got angry as I continued to eat quietly. I noticed that she was unable to focus, and asked why. She advised that my eating carrots was making her mad, and keeping her from focusing, I ate louder, and she got angrier. I explained, she was allowing herself to get angry because she couldn't have her own way and stop me from eating carrots. I told her to leave, and that we would continue another day. She would not leave. I needed to stop eating carrots because that's what she wanted. We also have other issues. She doesn't like sessions in my office, she wants to use the boardroom table in the outer office, and she wants to bring a swivel chair into my office instead of a regular chair. She wants to control when sessions should end, or how much work to give her to work on herself. Because she is part of a program, she has no regard for how much longer the process will take. In the past, her life partner would beat her when she would attempt to exert control over him. She comes from a family which used alcohol obsessively and had no time for her. She has been drinking and abusing drugs for twenty-five years, and she has not drank for a month and hasn't had this much sobriety since she started drinking. She tested positively for Type 6 ADD plus all the others, and has controlling tendencies and co-dependency issues. But she doesn't recognize either, believing that somebody is making her angry by doing these things to her. I'd like you to understand her sobriety is fragile right now with only a month of sobriety, the most she has had since she was thirteen. She came in only being able to string together four days of sobriety in the last year. The biggest challenge is that everything you don't like about others is merely a reflection of your own behavior.

If you are not aware of what you are doing, how can you do anything about it? I see some other issues hooked up with this. I see an egocentric attitude and apathy. Egocentric attitude is believing that everybody else sees the world the way we do. No one thinks, believes, or behaves differently in this world, do they? The apathy is having little or no regard for anyone else, just me. You could see someone fall in front of you and keep going, or if you were on Seinfeld, you might see someone steal a car from an overweight person and laugh and do nothing. I could go into a full explanation with this, but this is a book primarily about ADD and the relationship to addiction and stress-related problems. This is one that can be combated by awareness, but how do you become aware that you do this? This is where you get to go if you leave ADD untreated or choose self-medication of one form or another.

4

WHAT CAN WE DO?

> *"If they try to rush me, I always say, 'I've only got one other speed and it's slower.'"*
>
> ~ Glenn Ford

One of the challenges that I see regularly with people and even myself is that we can get to feeling a little better, whether on our own, because anxiety and depression will ease up if we get busy doing something, especially if it is something we like to do. Sometimes the problem tends to be a famous saying we say to ourselves, "It's not that bad." From that point, we like to believe that maybe we are better, but it's certainly a lot better than it was, so I can just relax a little, I don't have to be so concerned. It's only when it's starts to get bad again that a solution is needed. I see this in our practice, at AA and in workbooks, etc. It's fine to talk about doing the work, to plan to do the work and to want to do the work, but when it comes down to doing the work, we hesitate because we know that it's hard to change and it's painful to go through some of this stuff. Why not avoid it; we are sometimes the kings and queens of procrastinating. The other hold back is that we have been struggling most of our lives by ourselves, and we are just used to suffering by ourselves, so why change now?

Another relapse problem seen is when we carry these problems for many years as much as fifty in one of my examples, the person wonders how they can carry this problem all these years and it can be changed to a painless memory in a day or two. How is that possible, it can't be true and they convince themselves, I am still suffering and what you believe can become your reality? Another common problem is not practicing the techniques we teach in coping, managing, and dealing with stressors. I am unsure if it is laziness, or unsure if it will really work, but when they leave our sessions, we have practiced and tested our work and are certain that it works. But invariably, when someone comes back as a result of struggling, there is an admission of not practicing the techniques taught. We teach a full body and brain relax triggered by two breaths to cope with stressful situations, whether remembered situations or encountered when they can't do it, we know the cause. I can't engage it, is the response, followed by I haven't been practicing.

We can also look at some issues, and notice behaviors to determine how this may fit with our overall objective. We frequently see issues such as control, anger, drama, etc. (all forms of controlling behavior) which don't have a predefined ADD application, but may be apparent in behavior, like so many behaviors which arise out of a manifestation of forms of abuse or control exerted over a client at an early age. These are usually developed as controls. In order to not allow a similar type of abuse to happen ever again, the client develops controls or behavior of their life during the abuse as a form of protection or caution to exhibit in case of a recurring type of abuse. What do I do as an adult? I flee, get really angry, have a tantrum, try to fight back, or become passive, etc. If it doesn't go well, I can resort to drama and lose it. So if I control my behavior in any manner, I may be safe. What did I do when I was a kid when you can't do any of these things, but I believe we cling to hope that maybe we could do something or we do dream of being the champion or being rescued, maybe we become a rescuer. With ADD, there may be an initial problem to begin with, or there may be a learned behavior being acted upon. I didn't go into great detail in this area, but it is also an area we work in. Our role is to teach a more appropriate response to any thinking, feeling, or behavior, or even physiological type of response.

This idea, coupled with the idea to help the person learn to practice awareness, could actually become a value (big stretch here, I can get even better by practicing awareness). Awareness sounds simple, but if we begin to pay attention to our behavior around others, especially those close to us, we could learn how annoying we can be at times. Annoying isn't too bad, but how about when we practice road rage or offering our opinions on just about anything under the sun. Sometimes, if we know a little about something, we may try to bullshit our way through as though we know a lot. See the news, and take whatever someone from another world has said or done to personally offend you. How do we learn to be aware? I don't usually know what I have done until after I have done it. It starts by starting and committing yourself preferably to a written goal and start attempting to change, and when you notice you missed the chance, committing to yourself, I will do it next time, next time. Don't try, because I think it was that famous philosopher, Yoda who said, "Try not. Do... or do not. There is no try. " If you know that you are being a jerk, you are the one who is responsible for changing it. You are also responsible for being honest, and that begins with you admitting that you made a mistake and that you will do better the next time. If you keep committing to yourself, you will do better, you will. If you pretend that it didn't happen or ignore it, nothing will change. I'm sure most are familiar with people who pretend that something didn't happen or that if no one notices, it doesn't count.

This is important because, the more you unwind your life to root out these problems, the more you find to unwind. We are likened to an onion, as you peel away a layer, there is another layer underneath. The good news is that you can get to the core. Try to keep in mind that if you have had problems for twenty years, they don't go away in a couple of sessions, but it won't take twenty years.

This is looking at the world in the same manner as someone who drinks or takes drugs to escape their past hurts. The chemical abuse is a solution to help them escape from the vivid re-creation of the past. It has only become a behavior in response to a thinking and or feeling problem. Again, there may be an underlying problem of ADD, but there doesn't have to be. It just might be abuse.

There once was a TV show called, Seinfeld. In this show was a guy called, George. George was the continual recipient of whatever could go wrong, did. He was his own worst enemy in the manner he conducted his life. He cared about no one but himself. One day, he started doing the opposite of what he thought (too much thinking) he should do and started to develop using his sense or intuition, and his life changed immediately. Just a show, but I find that many of us can take a lesson from this story and stop thinking ourselves to death, and do the opposite to what we think we should do and wait and see what sort of an answer we might have if we weighed the possibilities of what we might do instead of our first thought. This is one of those things I spoke of earlier. It sounds simple, but it won't be easy. It's a choice. It's like jumping out of an airplane with a parachute. You have a choice whether you want to use the ripcord or not. It has been said that if you have one choice, you are concrete in your thinking, if you have two choices, you have a dilemma, if you have three choices, you have flexible thinking. It's like road rage. If you only know how to rage and chase someone and offer finger gestures or worse as to how they might improve their driving, you might want to learn to increase your flexibility. What are three positive options you might do instead?

One of our challenges is that we seem to see the negative side to many things. We get up in the morning, and we can start thinking about all we have to accomplish today. We start running through various scenarios, what we will do about this if that happens, etc. We may already be trying to solve problems that haven't yet occurred. When we have concerns about what is going to happen in the future, we may be looking at anxiety. Why can't we get up and believe that we could have a good day?

At times, we may appear as oppositional or rebelling against someone's ideas or attempts to force us do something their way, and we just dig our heels in. It can also provide that little bit of chaos to help us through that difficult moment.

If we wake up in the morning and start thinking, I don't feel that great or I don't want to go to work, a whole bunch of reasons start appearing as why you shouldn't go to work. The best is feeling sick. This is an excuse to stay in bed. A lot of times when a person wants to remain in bed and sleep or just curl up, it is depression.

On a recent morning, my wife getting up awakened me. I am usually up first, as I like to exercise, usually jogging. So off she goes to shower, etc. I lay in bed trying to go back to sleep, which is past my time normally. I lay there for an hour trying to sleep, which I never do. I sensed that something wasn't right, but went through a series of what's troubling me. Oh, also, I was a bit whiney. I had a couple of things on my mind which were a bit troublesome. I had to go somewhere that day where I don't like a key person who was going to be there. I didn't want to go. I also had a client who needed to restore her position in her family, otherwise they wanted no part of her. She drinks and denies it and tries to hide it with strong mouthwash. I saw her the other day, and she smelled of alcohol and strong mouthwash, but I had told her, she would stop when she was ready. We were past the time of stopping the drinking. I suggested she needed to tell me when she needs to drink and I would coach her through this stage. Our last session, she smelled of liquor at nine a.m. and denied drinking for the last week. I prefer the truth, and then I can help. This was the same thing that her family accuses her of doing. I was tempted to tell her I couldn't help her unless she wants to stop, not her family wanting her to stop and not me wanting her to stop.

I tried to take a couple of deep breaths, which is my technique for gaining a full body relax complete with a place I go to relax, a picture triggered by the breaths. No, not working, tried several times. I finally engaged it and figured I had some low-grade depression going on. I finally got up and wondered why and tried to go through my life and figure what was going on, what was I angry about? So I took a couple of more deep breaths and got dressed and went. It was downright cold out there (0 degrees or 32 Fahrenheit). Now I also realized I had some anxiety going on as well. I kept taking two breaths, and I was now good to go. I started jogging and said my prayer and cleared my mind of everything, and when I got back I was still a bit off but much better. I was showering and my wife got home and brought me two coffees, an ice coffee from MacDonald's, and a hot (decaf which is better for my head) coffee as well. Well I was happy now. We headed off to church; I grabbed a banana and peanut butter as it really helps when I'm off. By now, I realized it was more than a little bit of depression, maybe a lot. I had no idea where it comes from; I hadn't seen anything like this for a long time, maybe a year or two and anxiety on top of it. Once I was sort of calmed down I could reason with myself a bit better, and consider the high action movie (John Wick) I saw last night or the candy I had been stuffing in myself as Halloween was two days before. I don't do well with a lot of sugar, but I eat it anyway at times, sometimes too much. Anyhow, I also decided as I am writing this book, I have been asking GOD to help me and I decided maybe this is what he wanted me to be able to explain, and it is easier if I know what I am talking about. This was about five hours later and I was fine now but I knew that in the old days, I would have gone into hiding and probably tried to be angry with anyone who would dare to try and offer help or attempt to reason with me or even have the nerve to slow me down in traffic. Life is good too today if I let it be. It was great, a baptism of friends of ours, visit some old friends, some lunch. This was my first challenge of this size in a couple of years, still some remnants of spectrum bi-polar. My stuff only works 99.95% of the time if you work it.

One of my friends calls my strategies quick fixes. I can change my mind and my mood and get on with life, or be a miserable person who nobody wants to be around, or maybe I'll just avoid people for a while. The last time my friend had a bout of depression, it lasted months. This method may not be perfect because we are the weakness in it, and it may not work every time, but it is almost foolproof if you learn it, practice it, and work it. Sometimes, even I forget and stumble (today) but I never lost it, not even on myself. We are not trying to be perfect; we are striving to be a better person. A glitch once in a while is far better than once in a while having a good day, but having a glitch most of the time.

My good friend says that these are the cards we are dealt. We don't get any others, and it is unfortunate that we may have suffered some setbacks and in some cases really serious ones, but these are the only cards we get. We need to learn how to play them as there are no others going to be dealt to us. I get it, some days we just like to whine a little, and feeling sorry for ourselves is just a sign of depression, but some days when this is the feeling, you have got to shake it off. No one else can. No matter how much someone feels bad for you, it is always going to come down to, what are you going to do?

Some might tell you that ADD comes from genetic damage from somewhere up the family tree where someone had ADD or abused substances and damaged their brain and mine as well. This is the way it is, crying and gnashing of teeth doesn't change it. You can try to improve your life, and while you have children, or will in the future, you can be prepared to go that extra step for them and change yourself to cope, manage, and deal with it.

5

SOME IDEAS

"The best non-pharmacological treatment for ADD is exercise, sex, and humor."

~ Dr. Ned Hallowell, Co-author of Driven to Distraction.

I can offer some suggestions, everything under options will be challenging to accomplish, but it will help you to find peace and maybe happiness. Look at what you have been doing; has it been working for you so far? Change only comes with work.

A GOOD START

Diet

- Avoid starchy food (potatoes, bread, pasta, sugar, or stimulants to excess).

- Eat protein every meal and a protein snack about 3: 30 or 4 p.m.
- Eat vegetables every meal.
- Eat fresh fruit for snacks.

Supplements

- Many good supplements can be found to treat depression and anxiety.
- Cooking with Saffron helps lower depression.
- Try 5-hydroxytryptophan and gamma-amino butyric acid, more commonly known as 5-HTP and GABA.
- Tyrosine for Types one and two.

Exercise

- Develop an exercise program to help get blood flowing through your body, especially to your brain to help rebuild it.
- Question your negative thoughts, is that true, does this problem apply to me, etc.
- Develop a goal list of what you want to accomplish (review daily)
- Individual plans for each goal (school or profession, mental well being, family relations, financial affairs, fitness, career, friendships, spiritual, etc.). What are you going to do? Do a life plan to help determine your skills.
- Time line for start and completion. Don't get too stuck on completion for as soon as you involve other people, it changes.

- Picture yourself in the future accomplishing what you want.

Options: add any of these to your list

- Our Workshop
- One on One Sessions
- Dynamic Discovery, a process of self-evaluation (Cheap)
- Dynamic Discovery, a process of self-evaluation, Workbook (Cheap)

Or develop a strategy for being able to relax or change your mind (mood) and get on with your goals for the day, which should be part of your overall goals to become a better person which should include some of your new values.

Considering supplements or medications and dosage is something that may be revealed as a result of testing and consultation with a doctor whether medical, holistic, or naturopath, but not based on ideas gained from books, the Internet, or a friend's advice. Before mixing supplements with prescription medications, a medical doctor should be consulted.

ADD OVERVIEW OF SUPPLEMENTS (DOSAGE AND USAGE DETERMINED BY YOUR HEALTH CARE PROFESSIONAL).

ADD Type 1 and 2 are viewed as a shortage of Dopamine within your system.

- Some solutions can be Rhodiola, Ginseng, Ashwagadha, green tea, grapeseeed extract,

Acetyl-L-Cartine, or L-Tyrosine. Again solutions or dosages vary according to individuals.

ADD Type 3 (Over-focused) are viewed as a Dopamine and Serotonin shortage

- Some solutions can be St. Johns Wort, which works on many to decrease hyperactivity, but can conflict with other types of ADD, especially Type 6 and Type 5, and cause serious issues (side effects) as well as with Type 4, which requires other supplements. Trytophan which is found in milk and eggs and 5-HTP.

ADD Type 4 Temporal lobe can be viewed as learning and behavioral problems, aggression, or decreased activity in lobes (common head injury problems).

- Some solutions are Gingko, Vinpocetine, Phosphatylserine, GABA, Magnesium Citrate or Magnesium Taurate, Huperzine A, Acetyl-L-Carnitine, N-Acetylsteine, or Alpha Lipoic Acid.

ADD Type 5 Considered as overactive (ADD and Depression linked together), can be negative.

- Some solutions can be DL-Phenylanine, L-Tyrosine, or SAMe. Do use for Bi-Polar or Type 6

ADD Type 6 Many parts of the brain are hyperactive or disinhibited. Alcohol use is dangerous. Can be Bi-Polar and ADD together or other types of ADD. Opposite of others which are usually decreased activity. Can be cyclical.

- No St Johns Wort.

- Some solutions might be GABA, 5-HTP, L-Tyrosine, or Fish Oil.

ADD Type 7 Anxious, too much brain activity, avoidance of conflict, and insecurity.

- Some solutions might be Vitamin B6, Inistol,
- L-Thaenine, Relora, Magnesium, or Holy Basil.

6

HOW ABOUT A PLAN

"Say What You Mean and Mean What You Say."

~ Barbara Coloroso

A lot of this will work on kids with ADD, and also with ADD adults – as long as you're interested in doing the work. Think of the following statement as a method of encouraging those close to you and a message for yourself.

BEST INTEREST

IF SELF = BEST INTEREST,

Then who is the best person to look after your best interest? For these purposes, best interest is defined as not being deliberately hurtful or harmful to self or others; others may choose to feel hurt, but that is their choice.

What can we do...

If you have read this book, you are obviously looking for answers. The book can be the beginning of finding a way through the maze of what is out there. Unfortunately, there are no quick fixes, but diet, supplements and exercise are a beginning to help stabilize behaviour and thinking. Trying to change anything before this stage is a waste of time. A lot of times, we are dealing with someone who is also capable of being impulsive and maybe oppositional, as well as some other traits. Impulsive people are not really prone to sitting still, either inside their head or behaviour wise. You might say, this book is not about ADD but it is a start in the right direction – as long as there is consistency from you and good discipline that can help you change things for yourself and others.

We use experiential learning throughout our programs; coaching, workshops and workbooks. Our brain doesn't realize whether we actually do something physically or just do it mentally. All the brain knows is whether we were able to do it. This is how we remember how to do something because it is through repetition and not by simply memorizing. Anyone who has been in the military will understand this concept as that is how it is done. You do something repetitively until it is ingrained in your head and it is a reflex. We then do it. This is the reason I suggest you do something with different examples of real life memories. We can practise in our heads how to redo problems or set goals and at some point we will know how to do it. Because there are a number of steps involved, it will be a challenge, there is a challenge to getting better or behaving differently. There is also a goal setting exercise a little further into this chapter which you can use to put this into play.

I would suggest the same for our workbook. The workbook can help you change your behaviour and thinking, but if you were never much for sitting down and focussing on doing detailed work, what makes you think things have changed? Especially if you decide to have a piece of white bread with jam on it for a snack, because your focus will be gone (carbs and sugar). The workbook can be used on your kids but they might not have the baggage and need for much of the work. But the goal setting and problem solving works well, and future goals and the Darn Good Start exercise is useable.

I believe there is a need for education in this field, especially if you have children or plan to. You will need some help or you will raise them exactly like you were and, if you were an ADD child, they will likely be ADD, too. This book is the beginning not the "be all".

Feeling bad about what you had to suffer through can stop whenever you decide you want a good future. Or you can wait until the future arrives and you are totally unprepared for it and it didn't work out in the manner you expected.

I would suggest taking a look at a simple goal setting exercise at this point and decide what can be done while reading this book to achieve the direction you want to follow. This is also a good exercise to teach your kids, and maybe a spouse if there is struggle in their life or even yourself if anyone has some focus issues. Well maybe it isn't simple the first time but it can be a life changer. Necessary for an ADD life.

- State your goal in positive terms, such as, "What do I want?"
- Self evaluate your goal. Are you doing this for yourself or someone else?
- Define your goal; Where, when and how will this happen and with whom do I want this?
- Describe the details of the process: What will I be doing to get my goal? How will I know I am achieving it? What will I see, hear and feel when I have it?
- Identify the resources you need: What resources do I have now? What resources do I need to acquire? Have I ever achieved this goal or something like it before? What happens if I act as though I already have it?
- Is your goal ecological? What is the real purpose behind why you want this goal? What will you lose or gain if you have it? What will and won't happen if you get it? What will and won't happen if you don't get it?
- Describe the first step you will take towards achieving you goal?

Perhaps, you wanted to change your life to be able to cope with ADD or depression, be a better parent or spouse; if so, what would you look like in about six months if you were able to change? What would you do, if you knew you could not fail? Think about what would happen if you actually succeed. Do this first and consider how you will use the book to actually plan or follow the exercise while reading book.

Feeling bad about what you actually had to suffer through as a child and part of your adult life can stop whenever you decide you want to have a good future – or you can wait and see what ever fate or circumstance drops in your lap and continue in your current fashion, which may include that inability to cope, manage or deal with problems. We can use the past to learn from and then put it behind us, but we cannot change it.

Many of us have learned through a bribe, reward, or punishment system. It could be praise, material stuff or offering love or removing it. This may have caused us to learn false values as this becomes an expectation when we decide to either do something or not do it. They could withhold or we could withhold, depending on who wanted the upper-hand the most.

We want much for our children even the worst of parents. It's how we go about teaching our kids through our unconscious role-modelling that is how they learn. For example, beat your spouse in front of your kids and watch what they do when they get married and life gets challenging. By the way, this takes a little time into the future for you to see the results but I would ask you to take my word on this at least for now. If we make all their decisions for them, we merely teach our kids to be co-dependent. This can become a problem for them in later life if all they are used to is being told what to do, and they will then attempt to do what they learned (control others.) If that isn't enough of a down side, consider that they will be unable to make good decisions on their own as they have no experience and don't know how. This provides them the opportunity to make poor life-decisions when nobody is around to tell them what to do. Many people seek to find control in their lives by drinking or drugging as a means to having control in their lives and perhaps as a coping technique for when they make bad decisions or they hurt inside. Kids also learn from watching their parents drink or drug.

Learning to not save them all the time from everything that befalls them may be painful for you but it will help them stand on their own. Part of life is about being able to ask for help when you need it, not waiting to be rescued, which only encourages helplessness. If we wait on them and enable them to behave in any inappropriate way, they will be lost when on their own, or they will need to hook up with a rescuer-type person (another form of co-dependence) – usually a drunk or enabler. An example might be: "I can't eat this", and you find something they prefer. Or, "I don't have to accept my part here, I can negotiate or withhold my happiness." Or maybe clothes aren't picked up and put in the hamper. If you yell and say, "You didn't pick up your clothes", and then pick them up for them. They are learning that they don't have to live up to their responsibilities. And they don't really have to listen to you and your credibility for keeping your word is gone. If they run out of clean clothes and go to school smelly a couple of times and get sent home or teased, they might learn. Might. Another lesson could be that they might have to do their own laundry when it is that bad and you could teach them how. The rule can be, if it is not in the hamper, clothes do not get washed. A parent's job is not to enable their children to live their life in any way they want but with responsibility to prepare them for adult life on their own.

We help them make better decisions by encouraging, influencing, providing feedback and the development of good habits (discipline). You might want to look up this word and see what it really means. This helps them to learn things can be okay and what you can do to solve or resolve your problems instead of, now what do we or I do about this, and maybe drink. If you teach them how to communicate and let them practise with you, they will learn negotiation and how to influence decisions. If you beat them, they will beat others.

Many of us have learned there is a bribe or reward or maybe a punishment system. It took less of these kinds of lessons to learn how to do this or how to avoid punishment, for we learn quickly when we feel threatened but the good quality lessons we learn by practising are more difficult – especially on the teacher or leader. When teaching one's children, we need to allow for mistakes, for if mistakes are not tolerated, we can only learn how to operate under perfectionist standards. Mistakes are how we learn best as that gives us the experience of knowing what can go wrong and how to avoid life mistakes.

Kids are going to make mistakes, and maybe some big ones at times. This will always be about your kids and they will always be in a learning mode. Whatever you do to them or for them will be how they raise your grandchildren. If they make a big mistake and you punish them for it, they will remember. That form of openness with communication with you may not be repeated. They may tell you because they were looking for support and help in solving a major problem. Our love for them needs to be unconditional from day one, not just when they are good. I am not saying you need to solve the problem or get them out of it. After all, it is still their problem, and maybe you can help them go through the steps of problem solving.

Drugs and alcohol may be one of the problems which appear. You may know nothing about the topic but as a common sense person, you might seek the help of an expert in the field in case you are asked for it. But think of this; how much advice do you ever follow when someone tries to solve your problem(s)? That is my point; we rarely take solicited advice let alone unsolicited advice. Unfortunately, we sometimes see advice givers as a "know-it-all", and that is not a good place to be. Providing support is being there and being willing to help when asking what you can do to help. Alcohol and drug abuse can be seen as a sign of a problem for which drugs or alcohol is their solution because their coping skills are limited.

We are attempting to teach our kids how to make choices, preferably smart ones. This learning can occur early in life when it comes to getting dressed. Initially we can offer two simple choices so the choice is easier when limited. When offering other choices, it can also be somewhat limited, such as a form of corrective discipline. If you are going to do that, then you will be going to your room or the corner. "If/then" choices can be very powerful when encouraging proper behaviour. At an early age, whether they match their clothing or not will not physically harm them. It may offend your sense of propriety but no one will be hurt in the making of this memory. If you recall, raising kids is not about you but about them, and doing it well.

We can start out small with decision making at an early age and, to help them advance, we can increase their choices and responsibilities along the way. This will be of service to you when it comes to their making good choices, such as friendships and when chemical choices come into their lives.

It has been said that we use chemicals in later life as a means to help us cope with the lack of good parenting when we were small. If they learned hostility, violence and anger from you, let's hope they don't practise on you when they are bigger and stronger and tougher from being knocked around. If we want them to learn joy, happiness and understanding, we must teach it and practice it.

Mistakes are feedback as well as encouragement for when you get knocked down and you know enough to get back up again. We will get back up anyway but many will get back up cursing and swearing and grumbling for awhile afterwards. Is it better to get up and get on with life or do we need to dwell on poor me or look for sympathy from others (is this drama)? When we think of establishing patterns of appropriate behaviour, we can think of forms of encouragement for correct behaviour and correcting incorrect behaviour. But we have to be able to, "Say What We Mean and Mean What We Say," to quote that famous author Barbara Coloroso, who knows more about raising healthy kids than anyone in the world according to me. We cannot make empty threats such as, "You will do this or you'll be grounded for a year." First, that might be a bit excessive, and not much better if you change your mind and weaken your stance for a couple of reasons. What parent wants their kids at home continuously for a year? Secondly, if you don't live up to what you say, you have lost credibility and they have learned that keeping your word isn't that important. There goes integrity.

The following questions represent a problem solving method that we teach to adults and young people, but may be a little involved for really young people. This is a problem solving method that you can use anywhere and anytime as it provides a lot of insight into good problem solving. Implement it in stages for adults and teenagers, and slowly introduce it to the younger folks over a longer period of time. As with all good things, the sooner the better.

WHAT DO I WANT?

- What is that going to do for me?
- What's stopping me?
- What is important to me here?
- What's working well?
- What can be better?
- What resources are going to support me?

There is nothing easy about this solution but neither are life's problems. I suggest you use this on yourself until you've really got it and then use it on someone else – but be able to explain it.

If you are struggling with teaching a lesson or concept and the feedback is positive but there is a confused look on their face, you might be going about it in the wrong way. That is the beauty of getting them to practice what they have learned; if they can't do it, you failed, they didn't. Perhaps freshening your approach to the problem is what is needed. If you keep teaching in a negative fashion, maybe all you are teaching is negative behaviour and thinking.

If you want them to grow up with confidence and self-esteem, they will need to know how to accomplish tasks by setting goals and making plans on how to succeed at the goals. Your ability to provide leadership and encouragement through much of these skills will be beneficial for you as you can hone your skills at the same time. This provides an opportunity for them to learn right from wrong by seeing it in action and, if you nurture an openness in them, they might learn and retain more than at an ethics class, or in church once a week. If you remember much about school, memorization was great for tests but how much were you able to practice of what you learned under pressure?

If we want them to learn appropriate behaviour it will be through continual repetition of a positive behaviour of any sort. Sometimes we criticize but it may appear as harsh to our kids because our intentions do not always impact someone younger and more sensitive than we might be today as opposed how we were when we were younger. Words to remember might be, impact not intent. During my days in the reserve forces, I worked with cadets (children) and I learned sarcasm is not a good teacher. Kids may not understand whether we are being funny or mean. This can leave them in a confused state and they may take away the wrong message and practice it in the wrong way. It won't do much to enhance the learning experience.

Many employers practice corrective discipline. We want to separate behaviour from the person. They may have done something wrong but it may have been a mistake; it was what they did that is the problem not them. If we teach them about good habits and how to correct mistakes when they occur, we can expect good discipline to be is learned most of the time. I was involved in a company I started and developed a simple three step method of correcting mistakes, which is easier than criticizing someone or making them feel they are inferior.

1. Review what happened from your perspective and seek agreement. I like to get this in writing as whatever someone writes usually sticks in their head.

2. Review what was expected. Ask what happened from their perspective.

3. What could be done differently in the future to gain correct result? Encourage or lead with the answer to the question if need be, but it needs to be their own words. This can become a commitment.

There are no losers in this type of a situation. This provided a supportive environment with encouragement, an opportunity for communication, the acceptance of mistakes with an opportunity to learn and think for yourself. Even kids know that there has to be consequences for mistakes or wrongful conduct since this is what happens in the real world. Don't tell them that they screwed up and then coddle them when they are crying. When they are older, that's not what happens at school or at work. We ought not do this when they are small, either; if they need to go to the corner or their room for a time out, coddling afterwards undoes whatever we did.

I remember when I was a kid and wanted to do something my parents might not approve of. At times their opinions ruled my life and, when I got to my teen years, I disregarded going to them first and got the haircut I wanted or whatever I decided I wanted to do. I did many things out of defiance because I knew what they would and would not approve. In retrospect, I didn't go bizarre because I still had to live with my actions. I would have been more on side with them with their realization that no one would be hurt by my actions, just maybe their opinions. Some approval can be good for kids – or at least acceptance, because it is too late anyway to undo.

There are two things occurring here and one is about oppositional behaviour and the other is about where communication skills were lacking. I see somewhat of a relationship between the two. I resisted being told what to do, which

I speak to in a few short paragraphs. The communication needs to have two parties being involved in any discussion. Most of the communication with my parents was from them without feedback from me. I was not allowed to speak my mind or disagree out of fear of reprisal, which could have been physical violence at worst, but my disagreement was not left unchecked. My mother beat my older brother and me when he was eighteen and I was fourteen with an electric cord for lying about eating a cinnamon bun. I ate it but by this age I wasn't giving that up, never; I wouldn't give her the satisfaction.

Communication needs to be a family experience so that both sides can share equally with movement up or down, there has to be equality, at least for the discussion. There can be disagreement, but in the end, negotiation can change, unfairness can be a change ingredient, but it must be voiced. However, it can only be voiced in an area where open communication is tolerated. Small people live in the land of the giants and are already at a disadvantage without the adult raising their voice. A family meeting should be an opportunity for openness and honesty. When this is about openness, an expression of feelings can be shared. This is a time to disregard one's opinions or judgements about whatever and allow open mindedness, allow yourself to be convinced or not. Openness can lead to good sharing but is not a place for allowing someone to feed you a load of bullshit, not that anyone ever tried that. The meeting should not be rushed by either party having commitments some place else. This can help your kids in being articulate about what their concerns are, as far as negotiating, and a communication builder.

I opened the door to oppositional behaviour and spoke to it briefly as negative talk. We use it to create chaos which feeds us a quantity of adrenalin. Whether we come equipped with this as standard equipment or it is learned behaviour as a way of us dealing with too much calmness in our heads and we need some excitement doesn't matter. This is the idea that we can immediately come up with an argument to just about anything someone can say. I use to like to get into political debates, abortion, or religious discussion and I would sometimes ask, which side do you want. I would just use the opposite of what they would say. We have the ability to see the negative side about anything. We can turn on someone close to us if our mood is off for this will get us out of depression to a degree. That is what adrenalin does but that is merely anxiety. We get addicted to this use of our internally controlled drug at an early age.

This "addiction" can be partially overcome by developing a list of three things a day (non material things) we are grateful about for twenty-one days. Write these down so you do not repeat. Then do five things to be grateful about for thirty days; again write it down. This will give you a new perspective to help you change your negative thoughts into positive thoughts.

I work as a life-coach for people with ADD, Addictions, PTSD and other forms of stress management. I find that the people suffering these sorts of problems at times have inflexibility. I usually help develop flexibility by reviewing past choices in situations. I get clients to generate three new learning experiences that they may use in the future to make better choices. That can also turn a negative situation into a positive one because learning from a bad experience turns it into positive ending. I also use this with bad dreams by saying, "Tell me three things you can learn from this dream that might help you in the future." I sometimes have to qualify this by saying, "Perhaps there is a concept involved in the dream of a problem in your life and your sub-conscious is showing you how to find the answer." It works.

If someone tells you what to do, how do you feel about that? For me it can be annoying or irritating. Think about what you feel when it occurs with you. I'm unsure whether to call this nagging or controlling. Think of a time it happened to you; how did you feel? Same with kids or spouses. If someone asks you to do something, you might be more apt to do it willingly than the resentment you might feel when being ordered or told. Same for spouses and kids.

Some of this stuff I speak of may be annoying to many of you. Which puts me in the area of opinions. Opinions are dangerous because we either agree or become upset. It's like the news reporters on television. When they start offering opinions, it is an attempt to get us involved in their station, to sell commercials through ratings. If it happens enough, we will begin to watch with a new enthusiasm. This form of reporting is designed to get you involved and annoy or anger you. This is our adrenalin friend, the fight or flight drug, which we like to use. But we are not going off to war, we are going to drive and we are already irritated, and we haven't left yet. We can have road rage. Do we do this with each other when we have conflicting ideas or opinions? When someone disagrees with us, do we become annoyed or upset? Children for the most part are adaptive at earlier years but, as they age, they seem to lose their adaptability, and more so as they approach senior citizen status. Hopefully they don't learn this from us and it's just a factor of aging. They learn to stay on your good side and if they contain their ability to gather information and be open to changing their minds with fresh knowledge, they can become less close minded or opinionated like us. In other words if they develop similar ideas about politics, sports, news, etc. will they just become a clone of you?

Unfortunately, opinions are usually negative thoughts which can encourage arguments which again lead back to the fight or flight drug. The other unfortunate thought about adrenalin is, it also can lead to over use and generate anxiety. Does this encourage thinking or does it mean, "Think what I want you to think"?

Where do we teach responsibility? We can give them chores to perform that can be taught with the simple use of goal setting. It seems involved with something so simple as taking out the garbage or helping clean up the dishes when we are young. The earlier the training, the more acceptance learned. In order to live in a community, we have to pay taxes and contribute as good citizens and help each other out at times. We have to learn to be friendly, cut our grass and shovel snow. Does anyone pay you to do this? But we are willing to pay our kids for doing the same thing. What do they pay us for the food we provide? Or the place to sleep or the place to entertain? We give them an allowance for eating and sleeping with us. We give them tasks to perform, whether dishes or cutting the grass, and they grow with the expectations that they must be paid for doing community work in order to be a part of this family. "No," we say, "we are teaching them how to manage money and work for what they earn." How does that teach anyone responsibility to contribute to the family? When you get sent off to the old folks home, will they even come to visit you or will you still have to pay them for helping in your community? The learning here is, you can't do something unless you get a reward. This doesn't encourage a sense of accomplishment or responsibility if they get paid. If you want to give them an allowance, give it but don't use it as a bribe or a gift with strings attached. The lessons learned today, stay for a long time. Also know that change doesn't come easily after we age a few years.

The learning of responsibility helps us to control our lives to give us that sense of control in later life. We know what we can expect from life if we contribute. Sort of like a computer, if I do this I get this, instead of I don't do anything unless I get something for it. Learning how to take responsibility will work well in marriage or relationships.

CONCLUSION

"To invent, you need a good imagination and a pile of junk."
~ Thomas Edison

I also speak to the program called, Alcoholics Anonymous (AA). I have been involved in the AA program for a number of years, and I truly believe in it. I have learned much about fellowship and friendship. The foundations of the Big Book and companion book called, The Twelve by Twelve are excellent resources to find sobriety, as some of us pick up some addictive issues in our journey with ADD, PTSD, etc. The difficulties I find are more with the various interpretations and practices different people plug into the literature and subsequent programs. And because they have been in the program for a while, we give them credibility, but many of them still struggle to change behaviors in spite of twenty or thirty years of seniority. There are various interpretations and spoken words a new person learns about. When you find a meeting you feel comfortable with, stay there and try it for a while. If you decide against it, try another. I suggest that you try several at the beginning, and then make a decision. A person who is working the steps and working at changing their life and seriously attending meetings will not wonder why the program doesn't work. This is a program which can help you, like any other program, but a person has to work it. I hear of many suggestions of working the steps of how you must do this. Get Twelve Steps Twelve Traditions, and find out yourself. If someone is still struggling after ten or fifteen years, what would make you think they have the answer and try to be a sponsor? Research your sponsor and make sure that this person makes sense when sharing. Some people find that they can run groups or be sponsors to people and they may be very knowledgeable about the program, but when we find a solution, does it mean that it is the only solution? Or do you have continue learning and developing to try and take yourself further? This can be a simple program, but like anything else, people can make it into their own creation. My friend says, "It's a simple program but don't confuse simple with easy." The criticisms you may notice in this book are not of the AA program, but of the many forms people have turned it into. If you have to, continue to do step four where your inability to cope with something going on in your life is dependent on you continually asking for help from GOD. When I first tried to change or correct road rage, I was pulling over every couple of minutes to pray for help because so many people were pissing me off, but it was my problem not theirs. It's also pretty hard in rush hour traffic as well. I can accept that idea, but why do I have to find out what happened to me that caused me to be angry each and every time. This is anxiety. Why can't we just learn to relax, change our moods or our minds, and then sort out the problem, why am I like this? We can use all of our brain instead of part of it, because most of it is locked up in stress mode. If you are not a hard drinker or a drug abuser whether recreational or prescription, you might try Alanon.

Educating yourself by doing some research into this whole ADD idea can be beneficial. I began my quest with Daniel Amen's "Healing ADD" book and just kept going from there. His material made a lot more sense than most. He wrote to average people who could understand him, and he had easy to use basic ideas from diet to simple techniques to make changes from within. He also has a website and a weekly newsletter, which he will send to you if you request from his website. Even if that is as far as you can go, you are a lot further than you were yesterday.

George talks about this stuff we do being like the fountain of youth. I notice that I do have a spring in my step again, and I look at the world very differently. I like it a lot. I look forward to accomplishing every day. I still jog, have a light workout, and try to eat well. If I don't have a too much client stuff, sessions, texting or emailing with them, I work on doing some writing, whether a blog or a new book, training myself or reading text type books. This is what makes the difference in my life which makes yesterday so different from today. If I have objectives for the day and the future, I am not worried about the past (depression) or the future (anxiety). I keep busy even in the evening. I spend an hour reading, training, or writing. Figure it out, I have a busy brain and if I don't keep it busy, it could run amuck. I don't care if I have to work until I am dead, I enjoy it and what would an old guy do, sit in my rocking chair, go to a bar, hang around with old people and do nothing, I don't think so.

If you are looking for a workbook which can help you to learn some techniques to help you change, check out our ADD/ADHD workbook. Combine some changes with diet and exercise, and who knows what could happen for you.

Once you begin your recovery process, imagine yourself to be healthy and functioning well with maybe a goal of self-awareness. If you can be cognizant of your unwanted behaviors or even for something you just did, you can set that up as a goal (state it in positive terms) as to what your life might be like without that behavior. Don't try to do too many of these things at once, and be sure to write them down so you can keep track of changes you make from within. This will be challenging, unless you use at least a workbook or a notebook.

I believe that if we start to look at this ADD thing as an attribute instead of a negative in our life and focus on what can I do, we will learn to live and adapt. This is the way it is, and we need to learn to adapt, or our negative beliefs will ultimately destroy us or at least our minds. We ADDers think too much, and if we focus on thinking too much about what is wrong with us, it will become a bigger problem rather than acceptance of who we are. But these are just words, what are you going to do about it, and when do you start? What results will you see in three, six, and twelve months? Try to imagine what you will look like without these problems. Yes, that soon.

I spoke about awareness earlier, but I want to go back to it. We have to develop an awareness of our bodies (physiology) and our thinking, behaving, and doing. A do it yourself version which can supplement your training today might be to become aware of myself. I need to pay attention to what I am doing. An example might be when showering, pay attention to the water and its movement over you, its temperature as it touches your skin, feel the different sensations as you lather yourself and how much smoother the washcloth or the brush feels on your skin, and feel the rinse as you remove the soap. Feel the water on different parts of your body. See the light and colors around you, the soap, cloth, water, etc. Just focus on the shower, not what you are going to do later or what you did before. Focus on the job you are trying to complete right now, and how that fits into your scheme of things of how much better you will be in three months. Try to see, think, feel, and behave for every job you have to do, and notice the impact it has on you, and how you feel afterwards knowing that you were able to clear your mind.

This can be the same as a simple form of meditating. Practice laying in bed or sitting in a chair and try to notice all the sounds you might hear, the different forms of eye stimulation around you, the feel of the chair or bed on different parts of your body, covers or clothing, what can you smell or taste, and what your hands are touching. Allow yourself to just enjoy the world around you, and remember to force any thinking out of your head. Give yourself some time to just slow down and breathe in to the count of four and out to the count of four. Hold your girlfriend's or your spouse's hand, and actually feel it, feel the warmth of it, the softness, the texture of the skin, look at her or him, see the very reasons you signed on, and wonder what they are all about, listen to her or him when they speak, the tone, the sounds, and you might learn about yourself when you do this.

When I first became a policeman, I learned that I had to make notes and keep track of whatever happened as it might come back to a court case down the road. The oldest case I was ever called back for was about eleven years after I left the police, and the incident was about four years before that. I am talking about something that may never happen to most of us. But we learn in school, and believe me that was a really long time ago. We learned to take notes so that we could remember stuff that we might run across again such as tests or exams. In business, we need to keep notes about discussions with clients or discipline sessions with employees as it must be entered on their file as soon as we get an opportunity, especially if their file is in the office and we don't get there until later. I also use a notebook to keep track of the lists I create with things I need to do or when I get an idea that I need to follow up later. I just can't seem to remember everything I need to do or remember without some form of help.

Today, they give kids agendas in school. I need one or a phone that will do it all. It is also like important dates such as family birthdays or my anniversary or dates I make to see clients or friends. I need to put them in my phone. In times gone by, I used a planner with a calendar in it to write important dates or I would forget and miss it and then feel bad when it happened. This is something where people feel disappointed in us when we forget their importance with us. It saves on wear and tear on us because when we get busy, we focus on what we are doing such as prioritizing instead of what it was I was to remember. My ex-wife got annoyed with me as I would bring home the same gift like flowers for a few years for our anniversary or a birthday as I would remember at the last minute and it was all I could do was to get my friend to sell me flowers at the end of the day.

When I would make a list of the things I had to do in a day, I would decide which things had to be completed for sure that day. The remaining items would go to the top of the next day's list. This was important as if I simply followed the list as it was written, which I was certainly capable of, I might miss something important. As the size of my business grew to include three other cities with one hundred and sixty employees, I had a lot to remember, and didn't always to a good job at that. I need to recognize or be aware that I had problems. Your wife may (eventually) forgive you, but clients and teachers are not so easy going.

I sometimes like to put things off until the last moment, such as getting gas. I sometimes would see the gas gauge and realize I needed gas, but would sometimes put it off as I was in a hurry or it was just the end of the day and I just want to get home. The next day, I was a little slow getting going in the morning and got out to my vehicle and would see the gas was low and consider should I try and make my appointment and get gas later? I had run out of gas a couple of times in this scenario, and I was really late and of course felt a bit stupid because it was preventable. If I were to blow off an important appointment, I could beat myself up for awhile and I don't mean minutes or hours. I could blow this way out of proportion or I could know better and have gassed up before now. If you sit and wait for a tow or walk to get gas, you can horribly abuse your ego in this time space. If you say to yourself, I am such a loser enough times, you will start believing it and it will stick. Nowadays, I remember that lesson, but whenever I make a mistake in this new life, I exam the incident and try to find three lessons I can learn from the experience. I then have a better chance of remembering and correcting the incident for the future.

I also have to make lists when I go shopping, as I will forget what I started out to buy and get home and realize what I was meant to get. I can almost see the dumb look on my face when I walk in the door without what I went to get, and then have to explain to my wife why I was going back to the store again. It's almost like when I go shopping, I see so much excitement in looking at all the stuff, especially in the produce section. It's all so colorful and smells good and feels good. So many of my senses are involved, it's such an experience. Sometimes I can go out for milk or something else simple, I could be gone for a long time and bring home extra stuff. I realize that this probably sounds silly but when I start looking around, I check out desserts and maybe sandwich meats and who knows what else, freshly cooked soup which I have to smell. Some parts of me still act like a kid, so I make a list and before I leave, I also find out how pressing the need is so I know when to be back. However, if I go shopping as I am making dinner, I get what I need and I am gone as I have another task (cooking).

All these ideas might require some switching around for varied parts of my life whether work or play, shopping, or just trying to be responsible. We all have to find our way, but these things can be changed up to suit individual needs. I need my life to be simple at times, as I can sure make it complicated, especially when I get behind or forget something, and then the pressure or stress is there and I can easily forget.

I found a way to get some peace in my head from anxiety. I have been working on not having opinions about what people say to me, or listening to the news and getting into a heated exchange in my head with no one. These are judgments, for we may think we know better and judgments are a way of trying to protect ourselves or create a better life for someone else or whatever, they are judgments which occupy our brain for what? This gives you anxiety or works you up for what. How do stop it. Practice shutting your mind off that, change the channel, shut your mouth, and just breathe and count to ten.

You can be or do anything you want as long as it doesn't hurt anyone including you. It's like having an idea of what you want, then a choice of how you will do it, and then doing it.

My bibliography can also be viewed as a reading list because these are some of the books which have helped me on my journey. Writing this has been enjoyable for me.

I hope that you have found this book informative. I would love if you could head back to Amazon and leave a review.

Please check out our website there is great information on it and also several free book downloads on various subjects. If you need any further help please contact me at

www.bobbrayauthor.com or www.dynamicdiscovery.ca

Other Books By Bob Bray

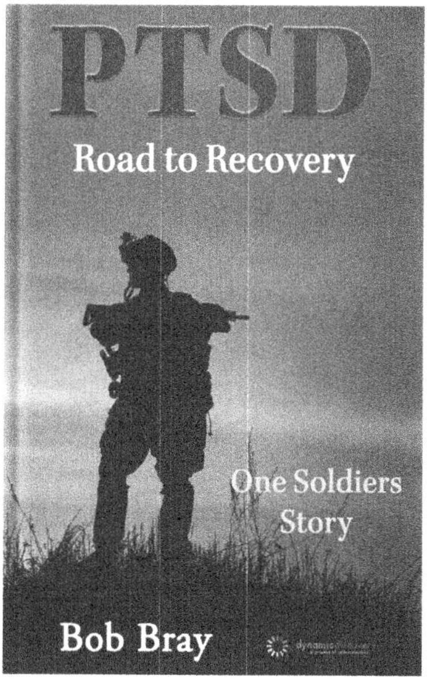

Made in the USA
Monee, IL
04 November 2026

67386542R00056